Für meine Mutter und meinen Vater,

Mary und Con,

durch deren Geschenk, den Sport,

mein Leben reichhaltiger

und vielfältiger wurde.

JAMES E. LOEHR

DIE NEUE MENTALE STÄRKE

Sportliche Bestleistung
durch mentale, emotionale
und physische
Konditionierung

Mit einem Vorwort von
Chris Evert und Dan Jansen

BLV

Die Deutsche Bibliothek –
CIP-Einheitsaufnahme

Loehr, James E.:
Die neue mentale Stärke : sportliche Bestleistung durch mentale, emotionale und physische Konditionierung / James E. Loehr.
Mit einem Vorw. von Chris Evert und Dan Jansen.
[Übers. aus dem Amerikan.: Hans Waldmann]. –
München ; Wien ; Zürich : BLV, 1996
Einheitssacht.: The new toughness training for sports <dt.>
ISBN 3-405-14814-6

BLV Verlagsgesellschaft mbH
München Wien Zürich
80797 München

Titel der amerikanischen Originalausgabe:
THE NEW TOUGHNESS TRAINING FOR SPORTS.
Erschienen bei Dutton, einem Imprint von Dutton Signet
(= Penguin Books USA, Inc.), New York

Übersetzung aus dem Amerikanischen:
Hans Waldmann

Lektorat: Edith Ch. Kiel
Herstellung und Layout: Sylvia Hoffmann
Einbandgestaltung: Sander & Krause Werbeagentur, München
Gesamtherstellung: Friedrich Pustet, Regensburg
Gedruckt auf chlorfrei gebleichtem Papier

Printed in Germany · ISBN 3-405-14814-6

Inhalt

Vorwort von Chris Evert .. 11

Vorwort von Dan Jansen . 13

Einführung 14

Was ist eigentlich Training zu persönlicher Leistungsentwicklung? 15

Was wird durch dieses Trainingsprogramm gestärkt? 16

1. Die wahre Bedeutung mentaler Stärke 17

Talent, Technik oder mentale Stärke? 18

Die Merkmale mentaler Stärke . 19

Was ist mentale Stärke? 20

Eine Analogie von Software und Hardware 22

Zusammenfassung 23

2. Das Wettkampf-Ich 24

Wettkampf-Ich kontra Real-Ich . 25

Mentale Stärke verstehen lernen 30

3. Der Sportler als Schauspieler 32

Niemand nimmt Anteil 33

Gute Schauspieler 33

Schlechte Schauspieler 34

Chris Evert – eine ausgezeichnete Schauspielerin 35

Was sind Wettkampffähigkeiten? 35

Darstellerische Fähigkeiten des Sportlers 37

Kann das Wettkampf-Ich zu dominant werden? 39

4. Das Real-Ich 41

Ihr Wettkampfprofil 42

Ansatzpunkte eines gezielten Trainings 42

Geringe Motivation ist ein Alarmsignal 44

Schwächen beseitigen 45

Der ganz persönliche Plan für Ihre Weiterentwicklung 47

Sie leiden darunter, nicht stark genug zu sein 49

Zusammenfassung 50

5. Wieso fehlt es Ihnen an innerer Stärke? 51

Wut 52
Verkrampfung 54
Den Schmerz überwinden 55
Sich der Herausforderung stellen 56
Zusammenfassung 56

6. Wieso halten Sie den Druck nicht aus? 58

Emotionale Schutzschilde 59
Ein schwaches Wettkampf-Ich . 61
Der Kampf gegen sich selbst ... 62
Zusammenfassung 63
Praktische Übungen zum Mentaltraining 63

7. Streß und Erholung 65

Energieausgleich 66
Beispiele für Streß und Erholung 67
Die Wellentheorie 68
Wie Sie erkennen, ob Sie ausgeglichen sind 72
Zusammenfassung 73
Praktische Übungen zum Mentaltraining 74

8. Über- und Untertraining 75

Linearer Streß 77
Lineare Erholung 77
Die Folgen von Unausgeglichenheit zwischen Streß und Erholung .. 78
Streß, der stärker macht 79
Das unsinnige Motto: »Wenn's nicht weh tut, bringt's nichts« 81
Wo liegt der ideale Leistungszustand? 82
Wie viel Streß ist genug? 82
Zusammenfassung 83

9. Auch Erholen will gelernt sein 84

Phase 1: Die positive physische Reaktion 85
Phase 2: Die Entspannungsreaktion 86
Phase 3 und 4: Vorbereitung und Rituale 86
Keine Erholung – keine Wellen – kein Wachstum 86
Das Trainieren von Erholungsmechanismen 86
Zusammenfassung 91

10. Die Bedeutung der echten Bedürfnisse 93

Regel 1: Positiv zu sein ist der Normalzustand 94
Regel 2: Emotionen sind die Augen und Ohren des Körpers 94
Regel 3: Die Bedeutung einer Emotion zu erkennen ist eine Fertigkeit, die erlernt werden muß .. 94

Regel 4: Die Erfüllung von Bedürfnissen schafft Erholung .. 95

Regel 5: Gleichgewicht durch Zuhören und entsprechendes Reagieren 95

Regel 6: Negative Emotionen erfüllen einen Zweck 95

Regel 7: Es ist wichtig, Bedürfnisse von Wünschen zu unterscheiden 97

Regel 8: Die Hierarchie von Bedürfnissen 97

Regel 9: Verkrampfung im Sport entsteht aus dem Bedürfnis nach psychischer Sicherheit 98

Regel 10: Die Unterdrückung von Bedürfnissen während des Wettkampfs erhöht meist die Leistung 98

Zusammenfassung 100

Praktische Übungen zum Mentaltraining 100

11. Die Rolle der Bewußtheit 101

Wenn es an Bewußtheit fehlt .. 102

Erweiterung der eigenen Bewußtheit 103

Bewußtheitsgrade 104

Zusammenfassung 106

Praktische Übungen zum Mentaltraining 106

12. Training in Zyklen: Periodisierung 108

Die Prinzipien der Periodisierung 109

Wie Sie die Prinzipien der Periodisierung auf Ihre Sportart anwenden können 109

Plan zur Durchführung 110

Trainingsphase 1: Vorbereitung 111

Trainingsphase 2: Allgemeines Krafttraining 112

Trainingsphase 3: Schnelligkeit und Schnellkraft 112

Trainingsphase 4: Höchstleistung 113

Trainingsphase 5: Aktive Erholung 113

Zusammenfassung 113

Praktische Übungen zum Mentaltraining 114

13. Angst bewältigen, Disziplin wahren 115

Warum wird beim Militär soviel marschiert? 117

Der Marsch der Champions ... 117

Die Kunst, Disziplin zu formen . 118

Unerwünschte Komponenten des militärischen Trainingssystems . 118

Die Rolle des unangenehmen Schleifers 119

Zusammenfassung 120

Praktische Übungen zum Mentaltraining 121

14. Physisch stark werden 112

Ihre körperliche Fitneß verbessern 122
Den Eindruck von Stärke vermitteln 125
Gut erholt in den Wettkampf gehen 126
Zusammenfassung 127
Praktische Übungen zum Mentaltraining 128

15. Mental stark werden 129

Strategien, um mental stärker zu werden 130
Zusammenfassung 136
Praktische Übungen zum Mentaltraining 137

16. Training der Gehirnwellen 138

Blick in die Zukunft 138
Science-fiction oder Realität? .. 140
Was können Sie jetzt bereits tun? 141
Zusammenfassung 144
Praktische Übungen zum Mentaltraining 145

17. Sich seinen Schwächen stellen 146

Ehrliche Antworten auf unangenehme Fragen 147
Setzen Sie Ihre Schwächen Streß aus 148
Zielsetzung – die Kunst, Energie zielorientiert einzusetzen 151
Die Bedeutung von Ritualen ... 153
Zusammenfassung 153
Praktische Übungen zum Mentaltraining 153

18. Die endlose Reise 154

Anhang: Periodische Streß- und Erholungsanalysen ... 156
Erläuterungen zur Streß-analyse 160
Erläuterungen zur Erholungs-analyse 160

Dank 161

Über den Autor 161

Literaturempfehlungen 162

Register 163

Vorwort

von Chris Evert

Der ausschlaggebende Punkt beim wettkampfmäßig betriebenen Tennis ist, unter Druck gut zu spielen. Die Träume vieler talentierter Spieler bleiben unerfüllt, weil sie nicht in der Lage sind, dem Wettkampfdruck standzuhalten. In meiner Profikarriere wurde mir schnell klar, daß großartige Technik, Schnelligkeit, Talent und Fitneß nicht ausreichten, um auf Dauer im Wettkampf erfolgreich zu sein.

Meine Grundlinienschläge waren zwar über Jahre hinweg die wahrscheinlich besten im Welttennis, doch ich verfügte weder über eine zwingende Vorhand noch über tödliche Volleys. Ich war sicher mit außergewöhnlichen sportlichen Fähigkeiten gesegnet, doch ich war zu meiner Zeit weder die Schnellste noch die Robusteste auf dem Platz. Wie konnte ich also die Nummer Eins der Welt werden, 21 Grand Slam Titel gewinnen und so viele Jahre in der Rangliste so weit oben stehen? Ich erkläre es mit dem, was Jim Loehr als mentale und physische Stärke bezeichnet. Meine Waffen waren Konzentration, Kampfgeist, Selbstvertrauen, Fitneß und Gelassenheit unter Druck. Ich gewann, weil ich wettkampfstärker war. Mein größtes Plus war meine innere Stärke.

Schon als Nachwuchsspielerin begann ich zu verstehen, daß Wettkampfstärke eine zwingende Waffe darstellte. Bereits in meinen Anfängen schärfte mir mein Vater ein, welche entscheidende Rolle Konzentration, eine positive Einstellung und emotionale Stärke spielen. Er hat mir außerdem beigebracht, Spaß am Wettkampf und all der harten Arbeit zu haben.

Jim Loehr würde sagen, mein Vater war mein wichtigster ILZ-Trainer (ILZ = idealer Leistungszustand). Er legte den Grundstein für starkes Denken und Handeln, die entscheidenden Faktoren für meinen späteren Erfolg.

Ich stimme völlig mit Jim Loehrs Meinung überein, daß Wettkampfstärke eine erworbene Fertigkeit ist und keine ererbte Veranlagung. Seine bahnbrechenden Erkenntnisse darüber, auf welche Weise Wettkampffertigkeiten erworben werden, reflektieren seine langjährige Erfahrung mit Athleten der Weltspitze. Der wohl bedeutendste Aspekt seiner Arbeit ist ihre Klarheit und Anwendbarkeit. Seine Gedanken über das Real- und das Wettkampf-Ich, über das Erzeugen von Wellen, das Trainieren von Erholung, die Folgen von Über- und Untertraining, und darüber, wie emotionale Stärke sowohl mental als auch physisch ist, sind von unschätzbarem Wert für Athleten jeder Spielstärke.

Es gibt heutzutage so viele Bücher über die mentale Seite des Sports, doch Jims Buch stellt eine Klasse für sich dar. Es ist ein absolutes Muß für jeden Sportler, der ein besserer Wettkämpfer werden will.

Vorwort

von Dan Jansen

Der Anfang meiner Arbeit mit Dr. Loehr fällt in die Zeit vor den Olympischen Winterspielen in Albertville im Jahre 1992. Ich hoffte, daß ich durch die Zusammenarbeit mit ihm unbelastet an den Start gehen und die schwere Zeit überwinden könnte, die ich bei den Spielen 1988 in Calgary hatte, als meine Schwester Jane am Morgen des Tages, an dem mein 500-Meter-Lauf stattfand, verstarb. Damals ging ich über 500 und über 1000 Meter an den Start und stürzte in beiden Disziplinen.

Obwohl mein Abschneiden in Albertville meinen Erwartungen nicht entsprach, hatten wir erreicht, was wir uns vorgenommen hatten. Ich dachte weder vor noch während meiner Wettkämpfe auch nur einmal an Calgary.

Nach 1992 konzentrierten wir uns in erster Linie auf den 1000-Meter-Lauf. Ich war seit einiger Zeit der Beste über 500 Meter, hatte jedoch erhebliche mentale Probleme mit der 1000-Meter-Strecke. Diese Distanz machte mir keinen Spaß, ja, ich war nahe daran, sie zu fürchten, und hatte Angst, meine Kräfte würden auf den letzten vierhundert Metern nachlassen.

Nach zwei Jahren mit Dr. Loehr gewann ich immer häufiger Rennen über 1000 Meter und begann allmählich, diese Strecke zu lieben und mich auf die Rennen zu freuen.

Bei den Spielen 1994 in Lillehammer, Norwegen, stand unsere Zusammenarbeit dann endgültig auf dem Prüfstand. Ein Ausrutscher in meinem ersten Rennen, den 500 Metern, kostete mich eine sichere Goldmedaille. Vier Tage danach sollte ich zu meinem letzten olympischen Rennen antreten, ironischerweise über die 1000 Meter.

Unsere Zusammenarbeit zahlte sich am Ende aus. Ich gewann die Goldmedaille und stellte dabei einen neuen Weltrekord auf. Ich bin der Meinung, wir haben diesen letzten, entscheidenden Test bestanden.

Einführung

Tränen der Freude strömten über mein Gesicht, als ich zusah, wie Dan Jansen mit seiner acht Monate alten Tochter, Jane, eine Ehrenrunde lief. Die Dan-Jansen-Story war ohne Zweifel die faszinierendste und bewegendste meiner gesamten Karriere. Dan begann am 23. April 1991 mit dem in diesem Buch beschriebenen Trainingsprogramm. Seit diesem Tag hat er, bis zu seinem Triumph über 1000 Meter am 18. Februar 1994 in Lillehammer, eine Checkliste zu seiner persönlichen Leistungsentwicklung geführt. Das Ziel war klar und einfach: Er wollte die Vergangenheit hinter sich lassen und – zum entscheidenden Zeitpunkt – als Eisschnelläufer so gut sein, wie es nur in seiner Macht lag.

Dans zehn Jahre andauerndes Streben nach olympischem Gold ist eine Geschichte über bemerkenswerten persönlichen Mut und Ausdauer. Es ist außerdem ein spektakulärer Beweis dafür, wie eng Geist und Körper miteinander verbunden sind.

Der tragische Tod seiner geliebten Schwester am Tag des 500-Meter-Laufs bei den Winterspielen in Calgary 1988, sein Sturz in diesem Rennen kaum zehn Sekunden nach dem Start, der erneute Sturz beim 1000-Meter-Rennen vier Tage später, die Tatsache, daß er 1992 in Albertville auf beiden Strecken ohne Medaille blieb, und die Niederlage über 500 Meter in Lillehammer schienen bei seinem endgültig letzten Start in einem olympischen Wettkampf unüberwindbare Hindernisse zu sein. Bei seinem letzten Rennen, seinem letzten Auftritt bei Olympischen Spielen, in einem Wettkampf, bei dem er nicht favorisiert war, sandte Dan Jansen der Welt eine Botschaft:

Es ist niemals vorbei, bevor es vorbei ist. Hör nie auf zu kämpfen. Gib nie auf. Egal, wie hart es ist, wie sehr es schmerzt. Durch Hartnäckigkeit, den

Glauben an dich selbst und unerschütterlichen Willen, wird es dir schließlich gelingen, alle Schwierigkeiten zu überwinden.

Das Bemerkenswerte an Dan Jansens Geschichte ist nicht so sehr, daß er die Goldmedaille gewonnen hat, sondern das, was er durchmachen mußte, um sie zu gewinnen. Dan bewies während der ganzen Zeit außergewöhnliche Stärke. Doch genau dafür hat er Tag für Tag trainiert. Er wußte ganz genau, daß es enormer mentaler und emotionaler Stärke bedurfte, um unter diesen widrigen Umständen im entscheidenden Moment sein ganzes Potential aufbieten zu können. Am Ende war es genau diese innere Stärke, die ihm zu seinem Triumph verhalf.

Und nur darum geht es in diesem Buch: mentale und emotionale Stärke aufzubauen. Seine Belastbarkeit zu erhöhen, sein Durchsetzungsvermögen zum Besten einzusetzen und sich für alle Ereignisse zu konditionieren. Seit der Veröffentlichung meines ersten Buches, »Persönliche Bestform durch Mentaltraining für Sport, Beruf und Ausbildung«, im Jahre 1986/1988, ist mir dieser Prozeß wesentlich klarer. Ich freue mich sehr über diesen jüngsten Titel »Die neue mentale Stärke« und den Band »Toughness Trainnig for Life« (Mentaltraining fürs Leben), der bereits im August 1993 erschienen ist. Beide Bücher bedeuten, verglichen mit meinen vorhergehenden Werken, einen Quantensprung hinsichtlich Verständnis und praktischer Anwendung. Die wichtigsten Weiterentwicklungen beziehen sich auf Themen wie Erholung, Verständnis der Sprache der Emotionen, Signale für Über- und Untertraining, Wettkampf- und Real-Ich, Ausgleich zwischen Streß und Erholung und die Rolle der Bewußtheit für die Entwicklung mentaler Stärke.

Was ist eigentlich Training zu persönlicher Leistungsentwicklung?

Es ist eine Methode, Ihre Fähigkeiten zu verbessern, mit jeglicher Art von Streß – physisch, mental und emotional – fertig zu werden, und dadurch ein besserer Wettkämpfer zu werden. Es ist ein hochentwickeltes und sorgfältig getestetes Programm, um Ihre sportlichen Fertigkeiten zu vervollkommnen und das Risiko für Verletzungen und emotionale Rückschläge, die so oft aus Übertraining entstehen, auf ein Minimum zu reduzieren.

Ein Schlüsselelement dieses Trainingsprogramms besteht darin, Ihre Programme zur Erholung von Streß während des Trainings und zwischen den Wettkämpfen zu verbessern. Die meisten Sportarten bieten Erholungsphasen während des Wettkampfs, doch viele Sportler können, da sie mit den hier beschriebenen Techniken nicht vertraut sind, kaum Vorteile aus diesen wichtigen Gelegenheiten zur Erholung ziehen.

Ähnlich wichtig ist die Erholung außerhalb des Spielfelds: Schlaf, Essen, Zerstreuung, Ruhe, Freizeit und so weiter. Es ist unerläßlich, den Streß von Training und Wettkampf durch angemessene Erholung auszugleichen. Die Mißachtung dieser Regel beeinträchtigt unweigerlich die persönliche Leistung. Um dieses Gleichgewicht zu erreichen, müssen Sie erkennen können, wann Sie sich im Ungleichgewicht befinden. Dieses Buch zeigt die dazu notwendigen Hintergründe auf.

Was wird durch dieses Trainingsprogramm gestärkt?

Ihr Geist, Ihr Körper und Ihre Emotionen werden flexibler, widerstandsfähiger und belastbarer – also stärker in dem Sinne, wie das Wort hier verwendet wird.

Wie erreichen wir das? Spezielle Aufgaben, durch die die drei Bereiche, aus denen die Gesamtpersönlichkeit besteht – der physische, der mentale und der emotionale Bereich –, gestärkt werden sollen, sind als praktische Übungen Bestandteil mehrerer Kapitel. Dieses Buch macht Ihnen in leicht verständlicher Weise klar, warum es so wichtig ist, alle drei Bereiche zu stärken – und zeigt Ihnen außerdem, wie Sie dieses Ziel erreichen.

Sie werden auch lernen, Über- und Untertraining zu erkennen, beides zu vermeiden und Spaß und Freude beim Training zu empfinden. Entsprechende Checklisten und Tabellen ermöglichen Ihnen, Ihre Fortschritte ständig zu überprüfen.

Das Buch zeigt Ihnen, wie Sie zu Ihrem idealen Leistungszustand finden, wenn Sie ihn am dringendsten benötigen, nämlich während eines Wettkampfs, und wie Sie aus Ihrem Wettkampf-Ich und Ihrem Real-Ich eine mächtige, konfliktfreie Partnerschaft formen, die auf dramatische Weise Ihr Wettkampfpotential freisetzt. Das ist unsere Methode. Wie Sie bald entdecken werden, stellt dieses Buch ein sehr persönliches Trainingsprogramm dar. Wenn es Ihr Ziel ist, stärker zu werden, führt Sie dieses Buch so weit, wie Sie zu gehen bereit sind.

1.
Die wahre Bedeutung mentaler Stärke

Er ist eigentlich ziemlich alt für einen Ausnahmeathleten, nämlich 43. Seine Arme und Beine sind durchschnittlich, ohne hervortretende Muskelpakete, und seine Figur wirkt bei einer Größe von 1,70 m und einem Gewicht von 70 kg nicht besonders sportlich. Sein Gang ist auffallend linkisch und plattfüßig, und ohne Brille ist er praktisch blind. Worte wie begabt, talentiert, Genie würden einem bei der Beschreibung dieses Golfers nie in den Sinn kommen; Bezeichnungen wie durchschnittlich oder mittelmäßig treffen da schon eher zu.

Doch lassen Sie sich nicht täuschen, Tom Kite ist ein absoluter Superstar im professionellen Golf. Dieser unscheinbare Bursche ist einfach der Beste der Besten in der von gnadenlosem Wettbewerb gekennzeichneten Welt des professionellen Golfsports. Tom Kite hat mit 42 bei den U.S. Open gesiegt und mehr Preisgelder gewonnen als jeder andere Golfsportler. Über zwanzig Jahre hat er seine Gegner mit seiner Präzision, Beständigkeit und Wettkampfstärke vor immer neue Rätsel gestellt.

Kein Naturtalent, kein fehlerloser Spieler – nur furchteinflößend. Nach eigenen Worten ist Tom Kite ein durchschnittlicher Putter, schlägt den Ball nicht weit genug, verfügt nur über geringe technische Fähigkeiten und ist ein Arbeitstier. Er hat sogar mehrmals während seiner Karriere die Griffhaltung beim Einlochen gewechselt, um zu verhindern, daß die Hände unter dem intensiven Druck anfangen zu zittern oder taub werden. Er wendet keine fernöstlichen Konzentrationstechniken an und benützt keine geheimnisvolle leistungsfördernde Droge.

Was also macht Tom Kite zu solch einem furchterregenden Gegner? Was ist seine Geheimwaffe? Kurz gesagt: Es ist mentale Stärke.

Talent, Technik oder mentale Stärke?

Um die Bedeutung des Ausdrucks »mentale Stärke« zu verstehen, muß man sich zuerst über die Bedeutung der Begriffe »Talent« und »Technik« klarwerden. Jeder Mensch hat Talent – der eine mehr, der andere weniger. Talent ist genetisches Potential. Es ist einer der Hauptgewinne in Mutter Naturs Lotteriespiel. Sportler können sich Talent nicht als Verdienst anrechnen, denn es ist ein Geschenk. Theoretisch bedeutet Talent die obere Grenze der eigenen Leistungsfähigkeit. Wenn jemand begabt ist oder gar als echtes Naturtalent gilt, heißt das, daß er es wirklich weit bringen kann. Wenn jedoch das Geschenk von Mutter Natur nicht ganz so großzügig ausgefallen ist, kann man davon ausgehen, daß sich auf sportlichem Gebiet nicht allzuviel tun wird.

An diesem Punkt beginnt die Sache verwirrend zu werden. Beinahe jeder wird zugeben, daß Tom Kite über kein nennenswertes Talent verfügt. Er ist mit Sicherheit kein Naturtalent. Trotzdem ist er der Beste der Besten. Wie groß auch immer Tom Kites genetisches Potential sein mag (trotz aller hochentwickelten sportmedizinischen Geräte ist es noch nicht möglich, Talent zuverlässig zu messen) – er hat es voll umgesetzt. Obwohl es ihm offensichtlich an nennenswertem Talent zu mangeln scheint, ist Tom Kite zum besten professionellen Golfer der Welt geworden. Also kann die Aussage, daß Talent die Leistungsgrenzen bestimmt, nicht aufrechterhalten werden.

Kommen wir nun zu dem Begriff »Technik«. Während Talent eine Gabe ist, ist Technik erlernt. Die Bewegungsabläufe beim Springen, Laufen, Schießen, Schlagen und Kicken sind technische Fertigkeiten. Man lernt sie nur durch harte Arbeit, ständige Wiederholung und unermüdliches Training. Theoretisch wirkt sich Technik in ähnlicher Weise auf den sportlichen Erfolg aus wie Talent. Mangelnde technische Fertigkeiten schränken die Möglichkeiten für sportlichen Erfolg stark ein, während hervorragende Technik den Weg zum sportlichen Erfolg ebnet.

Aber an dieser Stelle wird es wieder ein wenig verwirrend. Tom Kites technische Fertigkeiten sind sicherlich nicht die besten im Profilager, besonders was das Einlochen und den Abschlag betrifft. Die meisten seiner Kollegen würden seine technischen Fertigkeiten bestenfalls als mittelmäßig bis gut einordnen. Wie schafft es also jemand, der als nicht besonders talentiert zu bezeichnen ist und dessen technische Fertigkeiten zwischen mittelmäßig und gut liegen, die Nummer Eins der Welt im professionellen Golf zu werden?

Talent und Technik tragen zwar immens zu sportlichem Erfolg bei, sind aber offensichtlich nicht die entscheidenden Faktoren. Es gibt heute so viele erfolgreiche Sportler, die weder talentiert noch technisch perfekt sind. Man findet sie in jeder Sportart – Golf, Tennis, Baseball, Basketball, Boxen, Eislaufen, Eishockey, Fußball –, die Liste ist endlos. Was ist also der entscheidende Faktor für sportlichen Erfolg? Meine Antwort: »Mentale Stärke«.

Vor etwa 13 Jahren habe ich mein erstes Buch zum Thema »Mentaltraining« geschrieben. Seit dieser Zeit hat die Arbeit mit unterschiedlich erfolgreichen Sportlern mein Verständnis von mentaler Stärke vertieft und meine Überzeugung von einem grundsätzlichen Zusammenhang zwischen mentaler Stärke und sportlichem Erfolg gefestigt. Jetzt bedeutet mentale Stärke für mich allerdings wesentlich mehr als nur mental. Der Begriff wurde zu einem dreidimensionalen Konzept, das physische, mentale und emotionale Komponenten einbezieht.

Die Merkmale mentaler Stärke

Zahllose Mythen ranken sich um die wahre Bedeutung von mentaler Stärke oder Durchsetzungsvermögen. Viele Athleten und Trainer haben eine falsche Vorstellung von diesem Begriff. Mentale Stärke hat nichts zu tun mit Killerinstinkt oder Feindseligkeit. Sie hat außerdem nichts damit zu tun, rücksichtslos, hart oder gefühllos zu sein.
Betrachten wir die wirklichen Größen, die in ihrem sportlichen Leben praktisch alles erreicht haben: Chris Evert, Jimmy Connors, Michael Jordan, Joe Montana und Tom Kite, um nur einige zu nennen. Treffen Ausdrücke wie feindselig oder gefühllos tatsächlich auf ihr Wettkampfverhalten zu? Kaum. Und wie ist es mit Begriffen wie flexibel, engagiert, zäh und nervenstark? Passen sie besser? Keine Frage! Was ich entdeckte, war, daß wahre mentale Stärke von vier Komponenten gekennzeichnet wird:

1. **Emotionale Flexibilität** – die Fähigkeit, sich auf unerwartete emotionale Veränderungen einzustellen sowie locker und ausgeglichen zu bleiben, nicht aufzubrausen, und in bezug auf den Wettkampf eine möglichst positive Einstellung (Spaß, Kampfgeist, Humor) zu entwickeln. Unflexible Sportler sind in emotionalen Krisen verkrampft und aufbrausend und unterliegen deshalb häufig ihren Gegnern. Emotionale Unflexibilität ist ein Zeichen mangelnder mentaler Stärke.

2. **Emotionales Engagement** – die Fähigkeit, emotional alert und engagiert zu bleiben, wenn man unter Druck steht. Emotional engagierte Sportler sind während des Wettkampfes nicht feindselig, abweisend oder gleichgültig. Fehlendes emotionales Engagement verrät einen Mangel an mentaler Stärke.

3. **Emotionale Stärke** – die Fähigkeit, dem Gegner unter Druck das Gefühl der eigenen Stärke zu vermitteln und der Stärke des Gegners zu widerstehen sowie in aussichtslosen Situationen unbeugsamen Kampfgeist an den Tag zu legen. Die Unfähigkeit, emotional zu kämpfen, ist praktisch gleichbedeutend mit mangelnder mentaler Stärke.

4. **Emotionale Spannkraft** – die Fähigkeit, einen Treffer des Gegners emotional wegzustecken und sofort wieder auf den Beinen zu sein, Enttäuschungen, Fehler und vergebene Chancen schnell abzuhaken und mit voller Kraft und Konzentration den

Wettkampf wieder aufzunehmen. Langsame emotionale Erholung zeugt von mangelnder mentaler Stärke.

Was ist mentale Stärke?

Jetzt sind uns zwar die Merkmale mentaler Stärke bekannt, sie verraten uns aber nicht, was mentale Stärke wirklich ist. Betrachten wir deshalb zunächst die folgende einfache Definition:

> Mentale Stärke ist die Fähigkeit, sich ungeachtet der Wettkampfbedingungen an seiner oberen Leistungsgrenze zu bewegen.

Obwohl diese Erklärung an sich ziemlich einleuchtend erscheint, ist es für die folgenden Seiten nötig, diesen Begriff genauer zu erfassen. Die nachstehenden Erläuterungen sollen einem besseren Verständnis der obigen Definition dienen.

- **Mentale Stärke ist erlernbar.** Unterliegen Sie nicht dem Irrtum, daß mentale Stärke etwas mit Veranlagung oder vererbten Instinkten zu tun hat. Man eignet sie sich mit exakt denselben Methoden an wie andere Fertigkeiten auch. Wer nicht über mentale Stärke verfügt, hat sie eben nicht gelernt. Jeder kann – unabhängig vom Alter – lernen, mental stärker zu werden.
- **Mentale Stärke ist die Fähigkeit, Ihr gesamtes Potential an Talent und Technik im Wettkampf umzusetzen.** Sie mögen über das Talent eines Michael Jordan oder die technischen Fähigkeiten eines Nick Faldo verfügen, doch ohne mentale Stärke ist es so, als wäre weder das eine noch das andere vorhanden. Mit wahrer mentaler Stärke können Sie andererseits – unabhängig von Talent und Technik – große Leistungen vollbringen. Denn mit mentaler Stärke können Sie sich alle nötigen technischen Fertigkeiten aneignen und Ihr Talent voll ausschöpfen. Nur so können Sie Ihre tatsächliche Leistungsgrenze erkennen. Viel zu viele Sportler verkaufen sich unter Wert, weil sie davon ausgehen, daß sie nicht besonders talentiert sind. Der entscheidende Faktor, wie weit es ein Sportler bringt, ist meistens nicht sein Talent, sondern seine mentale Stärke.
- **Mentale Stärke ist die Steuerung des idealen Leistungszustandes.** Jeder Sportler hat einen idealen Leistungszustand (ILZ). Das ist einfach der optimale Zustand physiologischer und psychologischer Aktivierung, der persönliche Höchstleistungen ermöglicht. Diese Aktivierung zeigt sich in Pulsschlag, Muskelspannung, EEG-Rhythmus, Blutdruck und einer Summe anderer Messungen. Beim idealen Leistungszustand tritt in der Regel ein ganz bestimmtes Muster von Gefühlen und Empfindungen auf – eine faszinierende Erkenntnis. Wahrscheinlich erleben Sie Ihren idealen Leistungszustand und sind fähig, Ihr Bestes zu geben, wenn die folgende Beschreibung auf

Ihr Verhalten, Ihre Einstellung und Ihren emotionalen Zustand zutrifft:

- Sie sind selbstbewußt und zuversichtlich.
- Sie sind ruhig und entspannt.
- Sie sind aufgeladen mit positiven Emotionen.
- Sie sprühen vor Kampfgeist.
- Sie sind konzentriert und alert.
- Ihr Spiel ist automatisch und instinktiv.
- Sie sind bereit, Spaß am Spiel zu haben.

❐ **Emotionen sind entscheidend für die Leistung.**
Machen Sie sich nichts vor: Emotionen sind der ausschlaggebende Faktor im Sport. Einige verleihen Kraft und setzen Ihr Talent und Können frei. Andere rauben Ihnen Ihre Kraft und verhindern die Entfaltung Ihres Potentials. Kraftspendende Emotionen sind mit Herausforderung, Schwung, Selbstvertrauen, Entschlossenheit, positiver Einstellung, Energie, Kampfgeist, Durchhaltevermögen und Spaß verbunden. Kraftraubende Emotionen sind Gefühle von Erschöpfung, Hilflosigkeit, Unsicherheit, geringer Energie, Schwäche, Furcht und Verwirrung. Emotionen sind deshalb so wichtig, weil sie mit Erregungszuständen verbunden sind. Emotionen laufen als biochemische Prozesse im Gehirn ab, die im Körper gewaltige Veränderungen hervorrufen können. Diese Veränderungen führen Sie entweder näher an Ihren idealen Leistungszustand heran oder entfernen Sie von ihm. Angst oder Furcht ist leistungshemmend, Selbstvertrauen leistungsfördernd; Unbeherrschtheit und Wut versperren, Spaß und Freude hingegen erleichtern den Zugang zu Ihrem idealen Leistungszustand.

❐ **Innere Stärke ist die Fähigkeit, in jeder Situation eines Wettkampfs kraftspendende Emotionen auslösen zu können.**
Um ein großer Kämpfer zu werden, muß man lernen, in Wettkämpfen, besonders in harten, kraftspendende Emotionen auszulösen. Das ist genau der Punkt, um den es in diesem Buch geht. Sie werden lernen, das richtige emotionale Klima für maximalen sportlichen Erfolg zu schaffen. Emotionale Kontrolle bringt Kontrolle über den Körper mit sich. Emotionale Wechselbäder hingegen ziehen ein ewiges Auf und Ab der Leistungen nach sich.

❐ **Innere Stärke ist mental, physisch und – ultimativ – emotional.**
Was Sie denken und sich vorstellen, wie Sie sich geben, wann und was Sie essen, wie viel und wie gut Sie schlafen, und besonders, wie fit Sie sind, kann sich jederzeit auf Ihren emotionalen Zustand auswirken. Wie Sie noch sehen werden, sind entschlossenes Denken und Handeln, Fitneß, vernünftige Ernährung und gezielte Erholung Voraussetzungen für innere Stärke. Viele Athleten erliegen dem Trugschluß, daß innere Stärke ausschließlich auf den mentalen Bereich beschränkt ist.

❑ **Unterm Strich ist innere Stärke physisch.**

Vielleicht ist es schockierend, diesen Satz ausgerechnet von einem Psychologen zu hören, doch der Beweis liegt auf der Hand. Der Körper ist physisch, Talent und Können sind physisch, Emotionen sind neurochemische Vorgänge und damit auch physisch, und Gedanken sowie Vorstellungen sind elektrochemische Abläufe im Gehirn und somit auch physisch. Viele Athleten glauben fälschlicherweise, daß Denken, vor allem negatives Denken, kaum Einfluß auf ihre Leistung hat. Sie glauben, daß Denken nicht mehr ist, als Luft in ihrem Kopf hin- und herzuschieben. Da sie ihre Gedanken und Emotionen nicht sehen können, betrachten sie sie als nicht real oder nicht so bedeutend wie die physische Komponente. Lassen Sie mich das Folgende ein für allemal klarstellen: Auch Gedanken und Emotionen sind physisch. Sie sind genauso real und genauso wichtig für die Leistung wie Talent und Können.

Eine Analogie von Software und Hardware

Vergleiche ähnlicher Mechanismen können für das Verständnis komplexer Konzepte sehr hilfreich sein. Eine meiner bevorzugten Analogien für mentale Stärke von Sportlern stammt aus dem Bereich der Computerwissenschaft. Die Begriffe »Software« und »Hardware« sind heutzutage praktisch jedem vertraut. Unter Software versteht man alle Programme, die ein Computer anwenden kann, und Hardware ist die Ausrüstung, die benötigt wird, um bestimmte Softwareprogramme zu verarbeiten. Auf den Sport übertragen stellen Talent und Können die Software dar, während der menschliche Körper dem Hardwaresystem entspricht, das zur Verarbeitung nötig ist. Ähnlich wie bei Computern haben Sie möglicherweise das brillanteste Softwarepaket, das man sich vorstellen kann, doch ohne die entsprechende Hardware ist es gerade so, als ob dieses ganze Leistungspotential nicht vorhanden wäre.

Im Sport kann ein Teil der Software theoretisch nicht modernisiert oder verbessert werden, da er genetisch bedingt ist (Talent). Der Anteil der Software, der aus Fertigkeiten besteht, läßt sich hingegen konstant verbessern. Die erfolgreiche Verarbeitung der Software setzt jedoch zwei Dinge voraus: erstens ein gut erhaltenes und gesundes Hardwaresystem (Körper) und zweitens entsprechende Verbindungen, die den Energiefluß des idealen Leistungszustandes zwischen Hardware und Software vermitteln können.

Wenn Hardware oder die Verbindungen zwischen Hard- und Software zusammenbrechen, versagt das System. Auf den Sport übertragen heißt das einfach, daß Athleten an solchen Wettkampftagen nicht ihr gesamtes Potential an Talent und Können einsetzen können.

Und wo bleibt die mentale Stärke in dieser Analogie? Nun, sie ist der wichtigste Bestandteil. Mentale Stärke verkörpert all diejenigen Faktoren, welche die Verbindungen zwischen der Hardware und der Software herstellen und aufrechterhalten.

Um die hochkomplizierte Software eines Sportlers voll zu nutzen, bedarf es einer ganz besonderen Art von Energiefluß – und dieser Energiefluß, der die Software lädt und in Gang setzt, ist emotional. Wie in Abbildung 1 dargestellt, besteht der richtige Energiefluß aus Gefühlen von Selbstvertrauen, Herausforderung, Spaß, Entspanntheit, kämpferischer Einstellung und Entschlossenheit. Gefühle von Angst, Hilflosigkeit, Wut, Erschöpfung, Niedergeschlagenheit, Entmutigung und geringer Energie hemmen den Zugriff auf die Software eines Athleten oder versperren ihn sogar völlig. Es handelt sich dabei einfach um die falsche Art von Energiefluß.

Zusammenfassung

Schränken Sie sich in Ihren Möglichkeiten nicht selbst ein, indem Sie glauben, nicht talentiert, begabt oder clever genug zu sein, oder nicht über die genetischen Eigenschaften zu verfügen, um Großes zu erreichen. Ihre Zukunft wird weit mehr von dem bestimmt, was Sie tun, als davon, was Sie genetisch darstellen. Die mächtigste Kraft in Ihrem Leben als Sportler wird mit Sicherheit die mentale Stärke sein, die Sie sich angeeignet haben.

Diese Stärke, die Sie sich für den Sport antrainiert haben, wird sich außerdem von unschätzbarem Wert für die anderen Bereiche Ihres Lebens erweisen. Jeder braucht mentale Stärke – und darum geht es in diesem Buch.

Abb. 1 Positiver Energiefluß

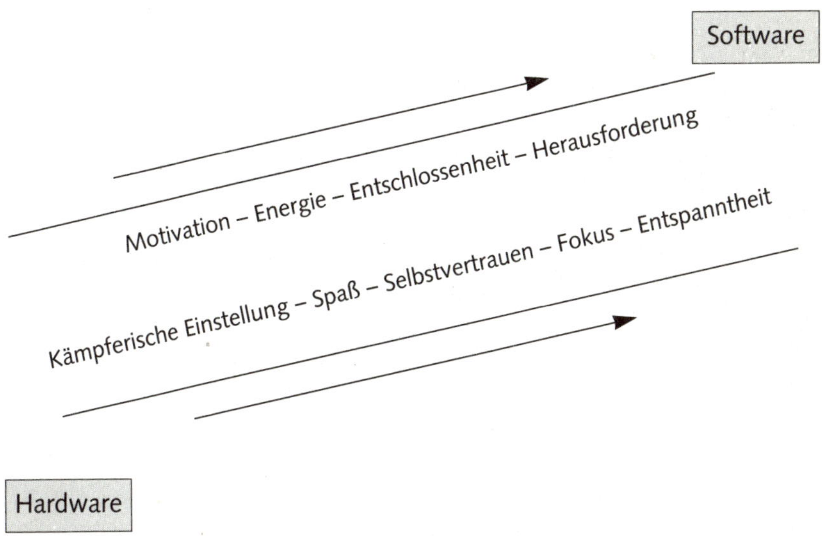

2.
Das Wettkampf-Ich

Sie haben in Kapitel 1 gelernt, daß ein direkter Zusammenhang besteht zwischen dem Vermögen, sich an der oberen Leistungsgrenze Ihres Talents und Ihres Könnens zu bewegen, und der Fähigkeit, während des Wettkampfes einen idealen Leistungszustand aufrechtzuerhalten. Um das Leistungspotential Ihres Körpers zu mobilisieren, bedarf es einer ganz besonderen Art von psychologischer und physiologischer Ausgewogenheit. Gefühle von Entspanntheit, Gelassenheit, hoher Energie, Zuversicht, Aufmerksamkeit, Fokus, Selbstvertrauen, Instinkt, Entschlossenheit und Freude bilden die Basis dieses empfindlichen Zustandes und reflektieren eine sehr spezielle Form körperlicher Erregung.

Gefühle und Emotionen sind einfach ein Spiegelbild dessen, was sich tief im Innern Ihres Körpers physiologisch abspielt. Ein Gefühl der Entspanntheit beispielsweise spiegelt das Ausmaß an elektrischer Energie wider, die durch die Muskulatur Ihres Körpers fließt. Angespannte Muskeln bedeuten hohe elektrische Energie, entspannte Muskeln das Gegenteil.

Gefühle von Gelassenheit, Aufmerksamkeit und Fokus sind Ausdruck eines bestimmten Musters neurologischer Erregung. Ihre Gehirnwellen weisen eine besondere Frequenz auf, wenn dieses Gefühl auftritt. Wenn Sie fühlen, daß Ihr Spiel instinktiv und automatisch abläuft, besteht eine besondere Harmonie zwischen den beiden Hälften Ihres Gehirns.

Gefühle von Selbstvertrauen, Energie, Aggressivität und Spaß reflektieren einen ganz spezifischen biochemischen und neurochemischen Zustand in Ihrem Körper. Gefühle von Hilflosigkeit und Erschöpfung hingegen haben ihren Ursprung in entgegengesetzten biochemischen Prozessen. Blutzuckerspiegel, Blutzuckergehalt der Muskeln (Glykogen), Adrenalin- und Noradrenalinspiegel sowie die Konzentration bestimmter

Gehirnhormone (Neurotransmitter und Neuropeptide) sind nur einige der Faktoren, die unsere momentanen Gefühlszustände während eines Wettkampfes beeinflussen.

Wenn unsere Gefühle von Selbstvertrauen in Angst umschlagen, finden in unserem Gehirn umwälzende chemische Veränderungen statt, die sich massiv auf Koordination und Gleichgewicht, Konzentration und Bewegungsablauf auswirken.

Gefühle und Emotionen informieren uns – wie die Kontrollinstrumente eines Rennwagens – ständig über die innere Verfassung der Antriebsquelle, d.h. des Motors. Bei einem Auto sind die Angaben über Öldruck, Temperatur, Drehzahl, elektrische Spannung und Benzinstand einige dieser Informationen. Unsere Gefühle liefern einen ähnlichen steten Informationsfluß bezüglich unserer inneren Verfassung und unserer Fähigkeit zu fortgesetztem Energieverbrauch.

Negative Gefühle und Emotionen während des Wettkampfes deuten unter Umständen auf kritische körperliche Mangelerscheinungen hin, die man unbedingt sofort ausgleichen sollte. Dazu gehört, zum Beispiel, die Notwendigkeit, mehr Flüssigkeit zu sich zu nehmen, um eine weitere Austrocknung des Körpers zu verhindern, oder die erhöhte Zufuhr von Kohlenhydraten, um den Blutzuckerspiegel anzuheben. Negative Gefühle bestätigen außerdem, daß der Energiefluß zwischen Hardware (Körper) und Software (Talent und Können) beeinträchtigt ist. Die chemischen Vorgänge, die unseren negativen Gefühlen und Emotionen zugrundeliegen, können unsere Anstrengungen blockieren, Kontrolle über unseren idealen Leistungszustand zu erlangen. Das macht unseren Gefühlszustand während des Wettkampfes zum entscheidenden Faktor für unseren Erfolg.

Wettkampf-Ich kontra Real-Ich

Die Art, wie Sie sich wirklich fühlen, und die Art, wie Sie sich fühlen müssen, um Ihre Bestleistung zu erbringen, sind unter Umständen meilenweit voneinander entfernt. Im Zusammenhang mit der vorliegenden Trainingsmethode bezeichnen wir die Art, wie Sie sich wirklich fühlen, als Ihr Real-Ich, und die Art, wie Sie sich fühlen müssen, um Ihr Bestes geben zu können, als Ihr Wettkampf-Ich. Das Verständnis für die Interaktion dieser beiden Gefühlszustände ist Voraussetzung dafür, ein starker Wettkämpfer zu werden.

Gefühle und Emotionen – ob positiv oder negativ – sind zu jedem Zeitpunkt vorhanden. Emotionen sind nichts anderes als Nachrichten unseres Körpers, die durch die chemischen Boten des Körpers weitervermittelt werden. Positive Emotionen signalisieren gewöhnlich Ausgeglichenheit und Gesundheit, während negative Emotionen typischerweise auf unbefriedigte Bedürfnisse irgendeiner Art aufmerksam machen. Jede negative Emotion, die wir fühlen, erfüllt einen Zweck.

Einige negative Gefühlszustände signalisieren wichtige, andere eher nebensächliche unbefriedigte Bedürfnisse. Ein Kind, das weint, weil es hungrig ist, hat offensichtlich ein ernstzunehmendes unbefriedigtes Bedürfnis, während ein Kind, das schreit, weil ihm die Mutter ein bestimmtes Spielzeug nicht kauft, eine ganz andere Botschaft übermittelt. In ähnlicher Weise hat ein Sportler, der sich aufgrund extremen Flüssigkeitsverlustes schlapp und hilflos fühlt, mit Sicherheit ein wichtiges unbefriedigtes Bedürfnis, wogegen ein Spieler, der einen Wutanfall bekommt, weil er die Möglichkeit ausgelassen hat, einen Punkt zu machen, ein völlig anderes Bedürfnis verrät.

Es ist wichtig zu verstehen, daß der Körper die Befriedigung seiner Bedürfnisse dadurch erreicht, daß er chemische Boten ausschickt, die zu Gefühlen und Emotionen werden. Dadurch wird unsere Aufmerksamkeit auf den jeweiligen Zustand oder ein Ungleichgewicht in unserem Körper gelenkt. Es gibt körperliche Bedürfnisse, wie Hunger und Durst, und psychologische, wie das Bedürfnis nach Liebe, Anerkennung und Selbstachtung. Mentale Stärke erwächst aus der angemessenen Reaktion auf negative Botschaften, denn wenn man sie völlig verdrängt, wird eine Bedürfnisbefriedigung buchstäblich unmöglich. Das hat zur Folge, daß die Wettkampfleistung rapide nachläßt.

An dieser Stelle stoßen wir wieder auf das Dilemma eines Wettkämpfers. Wir kennen die Gefühle und Emotionen, die während eines Wettkampfs nötig sind, um auf unserem höchsten Niveau (ILZ) zu spielen, doch in der Realität ist das, was wir fühlen müßten, Lichtjahre von dem entfernt, was wir tatsächlich fühlen. Gefühle von Selbstvertrauen, hoher Energie, Entspanntheit und Freude stellen sich unter Umständen erst gar nicht ein oder lösen sich bei den geringsten Anzeichen von Schwierigkeiten in Luft auf. Selbstvertrauen kann in Angst umschlagen, Entspanntheit in Verspannung, Energie in Erschöpfung, Freude in Frustration oder Ärger – die Liste ist schier endlos. Entsprechende chemische und physiologische Veränderungen im Gehirn gehen mit diesen Gefühlsschwankungen einher.

Lassen Sie uns an einigen Beispielen die unterschiedlichen Interaktionen zwischen Real-Ich und Wettkampf-Ich betrachten.

Situation 1

Larry hat den ersten Satz eines Tennismatches 6:1 gewonnen und führt im zweiten mit 4:3. Er fühlt sich prächtig und spielt ausgezeichnet – er befindet sich in seinem idealen Leistungszustand. Zwar ist er auf der Siegerstraße, aber die Punkte waren immer hart umkämpft und kräftezehrend, und auf dem Platz ist es sehr heiß. Plötzlich beginnt er, sich müde zu fühlen. Seine Konzentration läßt nach, und er verliert den zweiten Satz 7:5.

Er gibt auch das erste Spiel des dritten Satzes ab, und beim Wechsel werden ihm seine Gefühle von Erschöpfung, geringer Energie und Selbstzweifel jäh bewußt. Er wird sich außerdem darüber klar, daß er seit fast zwei Stunden bei brütender Hitze auf dem Platz steht.

Larry vermutet, daß seine Müdigkeit und Erschöpfung auf einen niedrigen Blutzuckerspiegel zurückzuführen sind, und er beschließt, in den restlichen Pausen ein mit flüssigen Kohlenhydraten angereichertes Fitneßgetränk zu sich zu nehmen. Der weitere Spielverlauf gibt ihm recht. Er verliert zwar auch das nächste Spiel und liegt 2:0 zurück, aber im dritten Spiel kehren seine Energie und sein Selbstvertrauen allmählich zurück. Er findet in der entscheidenden Phase des Matches zu seinem idealen Leistungszustand zurück und gewinnt den dritten Satz 6:3.

Lassen Sie uns nun diese Kette von Ereignissen im Hinblick auf Larrys Real-Ich und Wettkampf-Ich betrachten. Larrys wirkliche Gefühle während des gesamten Matches sind sein Real-Ich, d. h. seinen psychologischen und physiologischen Bedürfnissen wurde ständig über die Gefühle seines Real-Ichs Ausdruck gegeben: seine körperliche Verfassung, seine emotionalen Bedürfnisse und das Ausmaß seiner Selbstachtung. Wie sich Larry fühlen mußte, um auf seinem höchsten Niveau zu spielen, das ist sein Wettkampf-Ich. Das ist sein idealer Leistungszustand und bestimmt, ob sich seine Hardware (Körper) und seine Software (Talent und Können) während des Spiels völlig miteinander verbinden.

Bis Mitte des zweiten Satzes waren sein Real-Ich und sein Wettkampf-Ich vereint. Danach rutschte er durch abnehmenden Blutzucker aus seinem idealen Leistungszustand ab, bis er schließlich sein Wettkampf-Ich nicht mehr erreichen konnte. Als er sich seiner negativen Gefühle bewußt wurde, reagierte er auf die Mangelerscheinung, indem er ein kohlenhydrathaltiges Getränk zu sich nahm. Als sein Blutzucker wieder anstieg, wurden sein Real-Ich und sein Wettkampf-Ich erneut vereint, und das Niveau seines Spiels stieg entsprechend an.

Larrys Unvermögen, seinen idealen Leistungszustand während des zweiten Satzes aufrechtzuerhalten, resultierte aus folgenden Gründen:

1. Unbefriedigte, mit dem Real-Ich verbundene, physische Bedürfnisse.
2. Physische Anforderungen, denen er nicht gewachsen ist.

Wenn die Anforderungen eines Wettkampfes an Ihre physischen Grenzen gehen, wird es zunehmend schwieriger, das Wettkampf-Ich zu aktivieren. Unbefriedigte physische Bedürfnisse können den idealen Leistungszustand buchstäblich blockieren. Wie sagte doch Vince Lombardi, Erfolgstrainer und Meistermacher, so treffend: »Erschöpfung macht uns alle zu Feiglingen.«

Man darf nicht vergessen, daß es mit dem idealen Leistungszustand gewöhnlich vorbei ist, wenn die physischen Anforderungen eines Wettkampfes die Belastungsfähigkeit des Spielers überschreiten.

Situation 2

Die Langstreckenläuferin Karen geht optimal vorbereitet an den Start eines Rennens: Sie ist ausgeruht, hat ihren Ernährungsplan strikt eingehalten und hart für dieses wichtige Ereignis trainiert. Unter den Zuschauern befinden sich ihre Eltern, Freunde und einige Späher von Colleges, die nach jungen Talenten Ausschau halten. Ihre Leistung in diesem Rennen entscheidet wahrscheinlich darüber, ob sie ein Stipendium erhält.

Zu Beginn des Rennens ist Karen nervös und verspannt. Sie läuft weit unter ihren Möglichkeiten, ist frustriert und ärgerlich und entwickelt im Verlauf des Rennens zunehmend negative Gefühle. Als sie in der letzten Phase des Rennens weit zurückfällt, ist ihr Siegeswille gebrochen und sie hört auf, zu kämpfen. Nach dem Rennen ist sie am Boden zerstört.

Schauen wir uns an, was passiert ist. Der entscheidende Faktor ist, daß Karens Wettkampf-Ich während des gesamten Rennens nicht aktiviert worden ist. Gefühle von Nervosität und Frustration dominierten ihre Leistung. Die Gründe dafür sind offensichtlich psychologischer Natur.

Eine mögliche Erklärung wäre, daß Karens Real-Ich emotional einfach zu unausgeglichen und unsicher war, um Emotionen zu entwickeln, die ihren idealen Leistungszustand herbeiführen konnten. Die aus ihrer Nervosität und Furcht resultierende Ausschüttung von Streßhormonen könnte möglicherweise von Gefühlen von Unsicherheit und Zweifel bezüglich ihrer sportlichen Fähigkeiten herrühren, oder sogar von tiefer verwurzelten, auf einem allgemein niedrigen Selbstwertgefühl beruhenden Ängsten.

Eine andere Erklärung für Karens übertriebene Angstreaktion könnte darin liegen, daß sie den emotionalen Anforderungen des Wettkampfes nicht gewachsen war. Der Druck, der durch die Anwesenheit der Eltern, Trainer und Talentsucher auf ihr lastete, war einfach zu groß.

Karens Unvermögen, während des Rennens zu ihrem idealen Leistungszustand zu finden, resultierte aus folgenden Gründen:

1. Unbefriedigte, mit ihrem Real-Ich verbundene, emotionale Bedürfnisse.

2. Emotionale Anforderungen, denen sie nicht gewachsen war.

Genau wie unbefriedigte physische Bedürfnisse können auch unbefriedigte emotionale Bedürfnisse den ILZ blockieren. Kann ein Sportler die emotionalen Anforderungen eines Wettkampfes nicht verkraften, verliert er die Kontrolle über seinen idealen Leistungszustand.

Situation 3

John spielt im Basketballteam seiner High School. Der Sieger des bevorstehenden Spiels zieht ins Finale um die Bezirksmeisterschaft ein.

Seit John in der Mannschaft ist, war es sein Traum, um den Titel zu spielen. Er hat sich in jeder Beziehung gut auf dieses Spiel vorbereitet. Er hat sich im Vorfeld des Spiels um die meisten seiner physischen und psychologischen Bedürfnisse gekümmert und ist körperlich topfit.

John ist zu Beginn des Spiels zwar ein wenig angespannt und nervös, beruhigt sich aber schließlich und kann seinen idealen Leistungszustand aktivieren. Während des ersten Viertels spielt er hervorragend und fühlt sich großartig. Bei einem Konter eröffnet sich John die hundertprozentige Chance, seine Mannschaft in Führung zu bringen. Doch der Schiedsrichter pfeift Schritte. Für John ist das eine klare Fehlentscheidung, und er ist stocksauer. Im Anschluß führen ein Foul, das er begeht, und ein krasser Abwehrfehler zu Körben für die gegnerische Mannschaft. Sein Trainer nimmt ihn aus dem Spiel, um ihn zu beruhigen. John faßt diese Maßnahme jedoch als ungerechtfertigte Bestrafung auf. Als er aufs Spielfeld zurückkehrt, ist er merklich negativ und teilnahmslos und läßt jeden seine Enttäuschung und Verzweiflung spüren.

In der Halbzeit rügt der Trainer John vor allen Spielern wegen seines mangelnden Kampfgeistes. Beschämt und verletzt beginnt John den zweiten Spielabschnitt. Seine negativen Gefühle drücken sich überdeutlich in seiner Körpersprache aus. Während der restlichen Spieldauer muß er mehrmals wegen schlechter Leistungen vom Feld. Sein Team verliert das Spiel mit elf Punkten Unterschied.

Schauen wir uns an, was hier passiert ist. Obwohl John sowohl physisch wie emotional gut vorbereitet und ohne unbefriedigte Bedürfnisse in den Wettkampf gegangen ist, was diese beiden Bereiche angeht, hat er es über zwei Drittel des Spiels nicht geschafft, seinen idealen Leistungszustand aufrechtzuerhalten. Was ist geschehen? Warum hatte John solche Schwierigkeiten, im wichtigsten Spiel des Jahres sein Wettkampf-Ich zu aktivieren?

Um die Dynamik, die in diesem Fall am Werk war, zu verstehen, müssen wir uns mit Johns Vergangenheit beschäftigen. Seine früheren Trainer haben ihn immer als Fall für den Psychologen betrachtet – talentiert und spielstark, aber mit stark schwankenden Wettkampfleistungen. Seine Trainer beschrieben ihn gewöhnlich als Schlappschwanz. Er jammert unablässig, beklagt sich und legt eine negative Einstellung an den Tag. Er stellt seine Emotionen zur Schau, und wenn er sich nicht gut fühlt, kann er einfach nicht spielen. Seine Trainer sehen ihn als typisches Beispiel eines verwöhnten Kindes: Jemand, der einfach nicht mit Niederlagen, Ablehnung, Enttäuschungen und all den anderen unvermeidlichen Neins des Wettkampf- und Erwachsenenlebens zurechtkommt, jemand, der kaum über Streßtoleranz verfügt, weil ihm alles zu einfach gemacht wurde.

Seinen Eltern wurde wiederholt vorgeworfen, sie seien zu fürsorglich und nachsichtig mit ihm.

Johns Unvermögen, während des Spiels seinen idealen Leistungszustand aufrechtzuerhalten, resultierte im wesentlichen aus zwei Faktoren:

1. Seine schlecht entwickelten Wettkampffähigkeiten.

2. Sein schwaches und unterentwickeltes Real-Ich.

Der erste Grund, Johns undisziplinierte Art, unter Streß zu denken und zu handeln, macht es ihm fast unmöglich, konstant die Emotionen herbeizuführen, die ihn stark machen. Sein Versäumnis zu lernen, in Streßsituationen stark zu denken und stark zu handeln, macht ihn anfällig gegen jede emotionale Belastung. Wie wir im nächsten Kapitel sehen werden, sind starkes Denken und starkes Handeln entscheidende Wettkampffähigkeiten.

Der zweite Grund für Johns Versagen liegt zweifellos in seiner überbehüteten und verwöhnten Kindheit. Geringe Toleranz für emotionalen Streß, besonders für Enttäuschungen, Krisen und Frustration ist häufig Folge dieser Art von Erziehung. Wegen seiner realitätsfernen Kindheit ist John einfach nicht fähig, emotionale Tiefschläge zu verkraften.

Mentale Stärke verstehen lernen

Dieses Kapitel zeigt, daß mentale Stärke ein mehrdimensionales Konzept ist. Wie wir an den Beispielen von Larry, Karen und John gesehen haben, erfordert die Fähigkeit, sich unter Druck ständig im oberen Bereich seiner Leistungsmöglichkeiten zu bewegen, viele Dinge.

Zuerst bedarf es eines physisch gut vorbereiteten Real-Ichs. Wenn die Grundbedürfnisse nach Nahrung, Ruhe, Schlaf, Flüssigkeit usw. nicht befriedigt sind, werden mentale Stärke und die Steuerung des idealen Leistungszustandes rasch unerreichbar.

Das gleiche gilt in bezug auf Emotionen: Wenn emotionale Bedürfnisse, besonders solche, die mit Selbstachtung und Selbstwertgefühl zu tun haben, vor Beginn des Wettkampfes nicht in angemessener Weise befriedigt worden sind, sind – wie wir am Beispiel von Karen und John gesehen haben – Probleme mit den Nerven, Selbstzweifel, Frustration und Abwertung der eigenen Leistung unvermeidlich.

Eine weitere Voraussetzung für mentale Stärke ist ein hochentwickeltes, ausgebildetes Wettkampf-Ich. Die Fähigkeit, auf Kommando vom Real-Ich zum Wettkampf-Ich überzugehen, setzt Fertigkeiten zu präzisem Denken und Handeln voraus. Das Wesen dieser Wettkampffähigkeiten und die beste Methode, sie sich anzueignen, sind Gegenstand des nächsten Kapitels.

Die dritte und letzte Voraussetzung ist die Fähigkeit, großem mentalen und emotionalen Streß standzuhalten. Eine Grundkomponente mentaler Stärke ist körperliche Fitneß. Geringe physische Streßtoleranz bedeutet, daß die Schlacht verloren ist, bevor sie überhaupt begonnen hat. Hat ein Sportler erst seine physischen Grenzen erreicht, ist es gerade so, als würde man einem Computer den Strom abdrehen. Stärke erfordert hohe physische Flexibilität, Ausdauer und Spannkraft.

Das gleiche gilt für den mentalen und emotionalen Bereich. Auch hier sind die ausgeprägte Fähigkeit, mentalen und emotionalen Streß zu ertragen, sowie Flexibilität, Ausdauer und Spannkraft wichtige Voraussetzungen für innere Stärke.

Wie Sie in späteren Kapiteln sehen werden, kann man diese Fähigkeiten nur erwerben, indem man einem ganz bestimmten Ausmaß an Streß ausgesetzt wird. Sowohl zu geringer Streß und Schonung als auch zu viel Streß und Überforderung reduzieren Ihre Fähigkeit, effektiv mit den Herausforderungen eines Wettkampfes und des Lebens umzugehen.

Die folgenden Kapitel bieten eine konkrete Methode, sich alle Voraussetzungen für innere Stärke anzueignen, die in diesem Kapitel nur kurz erörtert wurden.

3.
Der Sportler als Schauspieler

Es ist soweit. Der Vorhang hebt sich. Das Spiel beginnt in zehn Minuten – und es ist wichtig. Trainer und Mannschaftskameraden zählen auf Sie. Sie sind entschlossen, alles zu tun, um sie nicht zu enttäuschen, aber Sie sind von Zweifeln geplagt.

Sie wissen ganz genau, wie Sie sich fühlen müßten, um Ihren idealen Leistungszustand aktivieren zu können, doch Sie sind meilenweit davon entfernt. Sie haben sich physisch und emotional optimal vorbereitet, trotzdem fühlen Sie sich miserabel. Nichts paßt: Sie haben letzte Nacht schlecht geschlafen und leiden unter rasenden Kopfschmerzen. Außerdem macht Ihnen der Zeitunterschied nach dem langen Flug zu schaffen.

Start und Landung haben auch nicht unbedingt dazu beigetragen, die Entzündung Ihrer Nasennebenhöhlen zu lindern. Ihre Energie und Ihr Selbstvertrauen sind auf dem absoluten Nullpunkt.

Zu allem Überfluß gerieten Sie bei einem Anruf zu Hause wegen einer unerwartet schlechten Zensur in Mathematik mit Ihrem Vater in heftigen Streit. Unmittelbar vor dem Anpfiff nimmt Sie der Trainer zur Seite und schärft Ihnen nochmals ein, wie sehr sich Ihre Mannschaftskameraden auf Sie verlassen.

»Ich brauche dich heute in Topform«, sagt er und fügt mit Nachdruck hinzu, »gib dein Bestes«. Bei diesen Worten möchten Sie sich am liebsten in ein dunkles Loch verkriechen.

Was bleibt Ihnen jetzt übrig? Die ganze Sache ist einfach nicht fair. Sie sind beileibe keiner, der ständig nach Ausreden sucht, aber es ist schließlich nicht Ihre Schuld, wenn Sie sich krank und elend fühlen.

Niemand nimmt Anteil

Glauben Sie, es kümmert Ihren Trainer, die Fans oder Ihre Mitspieler, daß Ihr Kopf vor Schmerzen schier platzt, Sie von einer Infektion behindert werden, mit Ihrem Vater zerstritten sind? Nie im Leben. Sie scheren sich keinen Deut darum. Sie interessieren sich nur für eins: Ihre Leistung auf dem Platz.

Gehen wir noch einmal zurück, um das Problem aus einer anderen Perspektive zu betrachten. Glauben Sie, daß das, was Ihnen in diesem Beispiel passiert ist, auch vorbildlichen Wettkämpfern, wie Michael Jordan, Chris Evert, Wayne Gretzky und Jimmy Connors widerfährt? Glauben Sie wirklich, diese Athleten wären vor jedem Spiel motiviert, aufgedreht, voller Zuversicht und Tatendrang?

Wenn Sie sich über die Antwort nicht schlüssig sind, will ich sie Ihnen geben. Diese Ausnahmeathleten sind nicht anders als Sie und ich – auch sie werden müde, fühlen sich ausgebrannt, krank und wund, genau wie jeder andere Sportler auch. Wie also schaffen es diese Athleten, ihre Wettkampffähigkeiten zu mobilisieren und die Emotionen, die ihnen Kraft verleihen, zu aktivieren? Durch welches Zaubermittel schaffen sie es, Furcht in Selbstvertrauen, Müdigkeit in Energie und Teilnahmslosigkeit in Spielfreude zu verwandeln?

Hier ist die Antwort: Sie erlernen außergewöhnliche Wettkampffähigkeiten.

Gute Schauspieler

Es traf mich wie der Blitz, als ich endlich auf die Zusammenhänge stieß. Ich schrieb gerade einen Kommentar über einen Forschungsbericht in einer Fachzeitschrift, in dem es um die Verbindung zwischen Bewegungen der Gesichtsmuskeln und spezifischen emotionalen Reaktionen, wie Ärger, Furcht, Ekel und Glücksgefühl, ging. Die Verfasser der Studie hatten herausgefunden, daß professionelle Schauspielerinnen und Schauspieler allein durch die entsprechenden Bewegungen ihrer Gesichtsmuskeln spezifische emotionale Veränderungen in ihrem Körper hervorrufen können.

Die Vorstellung, daß echte emotionale Reaktionen einfach durch Bewegungen der Gesichtsmuskulatur ausgelöst werden können, faszinierte mich. Also begann ich, intensiver über das Wesen der Schauspielkunst nachzudenken.

Aus welchem Grund sind Julia Roberts und Jack Nicholson solche Ausnahmeerscheinungen unter Schauspielern? Nach einiger Überlegung kam ich zu dem Schluß, daß sich große Schauspieler von den anderen in erster Linie durch die Fähigkeit unterscheiden, im Drehbuch verlangte Emotionen lebendig und glaubhaft darzustellen. Diese Darsteller haben irgendwie gelernt, die mit bestimmten Emotionen einhergehenden chemischen Vorgänge zu beeinflussen und auf Kommando in die gewünschte Richtung zu lenken. Die Besten schaffen es sogar, wirkliche Emotionen auszulösen. Wenn das Skript es vorschreibt, empfinden sie tatsächlich Kummer,

Trauer, Ärger, Furcht oder Glück – und zwar unabhängig davon, wie sie sich vor der Aufnahme gefühlt haben.
Die Forschung hat bestätigt, daß die physiologischen Veränderungen, die bei gespielten (vorgetäuschten) Emotionen auftreten, identisch sind mit denen, die bei spontanen, echten Emotionen ablaufen. Große Schauspieler machen vorgetäuschte Gefühle zu tatsächlich empfundenen. Gerade deshalb wirken sie so glaubwürdig und überzeugend.
Doch was hat all das eigentlich mit Wettkampfstärke zu tun? Die Antwort ist einfach: Gute Sportler sind gute Schauspieler. Sie haben, wie gute Darsteller auch, gelernt, chemische Abläufe in ihrem Körper in die erwünschte Richtung zu lenken. Für einen Wettkämpfer schreibt das Drehbuch allerdings immer das gleiche vor: den idealen Leistungszustand. Erfolgreiche Athleten haben gelernt, Gefühle von Zuversicht, Energie, Gelassenheit, Freude und Herausforderung aufleben zu lassen – egal, wie sie sich wirklich fühlen.

Schlechte Schauspieler

Glauben Sie, daß es Regisseure in Hollywood kümmert, ob ihre Darsteller am Drehtag persönliche Probleme haben? Was, wenn Julia Roberts von Kopfschmerzen geplagt wird, erschöpft ist, Eheprobleme hat, überarbeitet oder sonst was ist? Nie und nimmer. Genau wie für einen Trainer zählt für ihn nur eins: die Leistung. Kann Julia Roberts die Anweisungen des Drehbuchs überzeugend umsetzen? Kann sie ihr Real-Ich beiseite schieben und ihr Wettkampf-Ich aktivieren?
Der Grund dafür, daß Julia Roberts so eine brillante Schauspielerin ist, liegt darin, daß sie es beherrscht, auf Kommando von ihren wahren Gefühlen auf Gefühle, die sie darstellen soll, umzuschalten. Sie tut das so überzeugend, daß die Zuschauer glauben, ihre Emotionen seien echt.
Schlechte Schauspieler schaffen es einfach nicht, das Drehbuch lebendig zu gestalten. Ihnen fehlen die schauspielerischen Fertigkeiten, um glaubhaft zu wirken. Schlechte Darsteller können die erwünschten Emotionen einfach nicht auslösen, und ihre Bemühungen wirken gekünstelt. In Hollywood wimmelt es von schlechten Schauspielern.
Genauso verhält es sich im Sport. Schlechte Schauspieler im Sport leben einfach die Emotionen aus, die sie im Moment verspüren, ohne Rücksicht auf die Anweisungen des Drehbuchs. Wenn sie müde sind, zeigen sie es; ob sie wütend, ängstlich, enttäuscht, nervös oder hilflos sind – das ist es, was der Zuschauer zu sehen kriegt. »Ich muß da draußen einfach ich selbst sein. Ich bin eben ein spontaner Mensch und mag mich nicht verstellen.« Damit entschuldigen viele Sportler ihr Unvermögen, den Anweisungen des Skripts zu folgen. Sicher, sie formulieren ihre Unfähigkeit mit unterschiedlichen Worten, aber der tiefliegende Grund ist immer derselbe: Es mangelt ihnen sowohl am Verständnis für die Notwendigkeit, sich anders zu verhalten, als auch an den Fertigkeiten, es zu tun. Ihr Wettkampf-Ich ist einfach nicht ausreichend ausgebildet.

Chris Evert – eine ausgezeichnete Schauspielerin

Lassen Sie sich nicht irreführen: Chris Evert war eine hervorragende Schauspielerin. Sie besaß bemerkenswerte darstellerische Fertigkeiten. Ihre Fähigkeit, unabhängig von äußeren Umständen Zuversicht, Entschlossenheit, Spielfreude und eine kämpferische Einstellung auszustrahlen, stand den darstellerischen Leistungen großer Hollywoodstars kaum nach.

Chris Evert hielt sich stets an die Vorgaben, die ihr Kraft verliehen. Sie mag sich von Zeit zu Zeit müde, hilflos oder nervös gefühlt haben, doch sie ließ nie zu, daß diese oder andere negative Gefühle zum Ausdruck kamen. Da die Drehanweisungen im Sport immer gleich sind und Chris Evert es sehr gut verstand, sie zu befolgen, hatte sie reichlich Gelegenheit, die Auslösung der richtigen Emotionen einzuüben. (Für Hollywoodschauspieler ist die Sache etwas schwieriger, da sich die Vorgaben des Drehbuchs dauernd ändern.)

Unglücklicherweise scheinen sich viele schlechte Wettkämpfer bei jedem Spiel nach einem neuen Skript zu richten. Wie viele Film- oder Bühnendarsteller sind sie einfach nicht in der Lage, den Regieanweisungen zu folgen, und somit gezwungen, auf ihre eigene Version zurückzugreifen und die daraus resultierenden Konsequenzen zu tragen.

Das Ergebnis ist fast immer das gleiche: Sie schaffen es nicht, ihr Talent und ihr Können voll auszuschöpfen. Wie wirkt sich das auf ihre sportliche Bilanz und auf die Anforderungen ihres Lebens aus? Immer wenn ein Sieg ihr gesamtes Potential an Können und Talent erfordert, verlieren sie. Chris Evert kannte zweifellos die Anweisungen des Drehbuchs genau und befolgte sie immer und immer wieder. Sie hatte die fundamentale, aber äußerst wirksame Lektion gelernt:

> Emotionen reagieren weitgehend auf die gleiche Weise wie Muskeln. Diejenigen, die am häufigsten stimuliert werden, entwickeln sich am stärksten und auch am zuverlässigsten.

Was sind Wettkampffähigkeiten?

Wie lösen große Schauspielerinnen und Schauspieler auf Kommando bestimmte Emotionen aus? Lassen Sie sich diese faszinierende Frage einmal durch den Kopf gehen. Stellen Sie sich vor, ich biete Ihnen 1 000 DM, wenn Sie es schaffen, Tränen der Trauer hervorzubringen – selbstverständlich ohne die Hilfe von Zwiebeln. Wie würden Sie die Aufgabe angehen?

Um die Tränen zum Fließen zu bringen und damit das Geld einzuheimsen, würden Sie wahrscheinlich zwei Dinge tun. Erstens würden Sie Ihre Gedanken auf einen sehr traurigen Umstand in Ihrem Leben konzentrieren, zum Beispiel das Ableben eines lieben Verwandten, den Tod eines treuen Haustieres oder sonst ein tragisches und herzzerreißendes Erlebnis. Wenn Sie die Konzentration lange genug aufrechterhalten können, werden sich schließlich Gefühle von Trauer und Schmerz einstellen. Erlauben Sie allerdings Ihren Gedanken, auch nur für Sekunden abzuschweifen, verflüchtigt sich das Gefühl der Trauer und damit auch Ihre Chance auf die ausgesetzte Belohnung.

Um den Tränenfluß auszulösen, können Sie außerdem die mit schmerzlichen Gefühlen verbundenen körperlichen Reaktionen nachahmen. Bemühen Sie sich, Ihrem Gesicht den Ausdruck tiefster Trauer zu geben, bringen Sie Ihr Kinn zum Zittern, tun Sie alles, was einem Tränenausbruch vorausgeht. Lassen Sie Kopf und Schultern hängen, atmen Sie in langen schluchzenden Zügen, wie Sie es tun, wenn Sie von Tränen übermannt werden.

Wenn Sie zu denen gehören, die praktisch nie weinen, werden Sie trotz aller Bemühungen keine Chance auf die Belohnung haben. Das liegt daran, daß Ihnen einfach die nötige Übung und Erfahrung fehlt. Wenn Sie jedoch nah am Wasser gebaut haben, sich gedanklich voll auf schmerzliche Gefühle einstimmen und ihnen mimisch und körperlich Ausdruck verleihen, gehört das Geld wahrscheinlich Ihnen.

Was Sie tun müssen, um echte Tränen der Trauer hervorzubringen, ist genau das, was Schauspieler zu tun haben, um den Anweisungen des Drehbuchs Leben zu verleihen. Die Fertigkeiten, die nötig sind, um angestrebte Emotionen auszulösen, nennt man darstellerische Fähigkeiten. Dazu gehören im allgemeinen drei Komponenten:

1. Diszipliniertes Denken und Vorstellungskraft

Die Gedanken und Bilder in Ihrem Kopf haben präzise emotionale Reaktionen zur Folge. Undiszipliniertheit im Denken und bildhaften Vorstellen katapultiert gewöhnlich den angestrebten emotionalen Zustand außer jegliche Reichweite.

2. Disziplinierte physische Verhaltensweisen

Auch die Art und Weise, wie Sie Kopf und Schultern halten, Ihr Gesichtsausdruck, Ihre Art zu gehen und Ihre Körpersprache insgesamt resultieren in bestimmten emotionalen Reaktionen. Sich seinen Gefühlen entsprechend zu verhalten, verstärkt gewöhnlich die augenblicklich vorherrschende Emotion. So zu agieren, wie man sich fühlen will, um seinen idealen Leistungszustand herbeizuführen, das heißt, eine Maske von Zuversicht, Freude und Kampfgeist zu tragen, bringt Sie dem angestrebten emotionalen Zustand näher.

3. Übung emotionaler Reaktionen

Ihre Chancen, eine neue emotionale Reaktion auf eine eingefahrene Problemsituation zu entwickeln, stehen äußerst schlecht, wenn Sie keine Möglichkeit hatten, diese Reaktion einzuüben. Emotionale Reaktionen brauchen – genau wie die Muskulatur – Zeit und Stimulation, um zu wachsen. Sie erfordern einen hohen Trainingsaufwand, je intensiver, desto besser, um die zugrundeliegenden biochemischen Mechanismen anzuregen.

Darstellerische Fähigkeiten des Sportlers

Wenn es um Emotionen geht, stehen Schauspieler und Sportler vor einer ähnlichen Herausforderung: Um Bestleistungen zu erbringen, müssen sie auf Kommando die im Skript vorgeschriebenen Emotionen aufleben lassen. Beide müssen in der Lage sein, mühelos von ihrem Real-Ich zu ihrem Wettkampf-Ich überzugehen. Der Schlüssel dafür liegt in der Entwicklung ausgefeilter darstellerischer Fertigkeiten, die es sowohl dem Schauspieler wie dem Sportler ermöglichen, die chemischen Vorgänge im Körper so zu steuern, daß sie die angestrebten Emotionen tatsächlich auslösen.

Außer dem Leistungsdruck, den persönlicher Stolz und Siegprämie verursachen, unterliegen Berufssportler oft einem starken zusätzlichen Druck, der von der Familie, Freunden und Trainern ausgeübt wird. Diese Belastungen sind an sich schon schlimm genug, doch sie bilden nur die Spitze des Eisbergs. Unter Umständen kommen feindselige Zuschauer hinzu, unsympathische Gegner, Fehlentscheidungen des Schiedsrichters (scheinbare und tatsächliche), unsportliches Verhalten des Gegners, unverzeihliche Fehler, schlechte Witterungsverhältnisse, eine Magenverstimmung – eine schier endlose Liste ungünstiger Bedingungen steigert die Herausforderung ins Unermeßliche.

Um dieser Herausforderung erfolgreich zu begegnen, bedarf es im wesentlichen zweier erlernbarer Fertigkeiten:

1. Entschlossenes Denken

Das ist einfach Ihre Fähigkeit, bestimmte Worte und Vorstellungen dazu zu benutzen, Ihren idealen Leistungszustand zu steuern, kurz: diszipliniertes Denken und Visualisierung während des Wettkampfes. Entschlossenes Denken bewahrt Sie davor, in Panik zu geraten, wenn die Dinge sich überstürzen, Ihr Temperament zu zügeln, wenn Sie anfängerhafte Fehler machen, und aufzugeben, wenn das Spiel verloren scheint. Es folgen einige Beispiele für entschlossenes Denken:

Wenn die Menge Sie ausbuht, wenn Sie so verkrampft sind, daß Sie sich die Schuhe nicht binden können, wenn das Glück sich völlig von Ihnen abgewandt hat – dann denken Sie sich:

> Bleib dran, Junge. Kämpf weiter. Du kannst das Ding noch umdrehen. Komm schon – du schaffst es noch!

Wenn die Angst Ihnen die Luft abschnürt, blicken Sie ihr ins Auge, lächeln Sie innerlich und denken Sie – oder besser noch, sagen Sie mit der ganzen Überzeugung und Leidenschaft, die Sie aus Ihrem Innersten hervorholen können, laut:

> Ich liebe es!

Wenn Sie mit dem Rücken zur Wand stehen, denken Sie:

> Das ist wirklich brutal – aber ich laß mich nicht unterkriegen!

Wenn Sie sich am liebsten irgendwohin verkriechen möchten, weil Sie so miserabel spielen, sagen Sie einfach zu einem Zuschauer:

> Würden Sie bitte den Notarzt rufen? Vielleicht kann der mich wiederbeleben.

Wenn ein Problem nach dem anderen auf Sie einstürzt, sagen Sie zu sich selbst:

> Nur her damit – je mehr, desto besser. Wenn jemand Übung im Problemlösen braucht, dann ich!

Wenn Sie sich müde, ausgebrannt, lustlos und schwach fühlen, bevor das Spiel überhaupt begonnen hat, denken Sie:

> Heute wartet eine große Herausforderung auf mich. Ich muß meine ganze Kraft aufbieten, um es zu schaffen. Ich kann es schaffen – hier und jetzt, immer und überall. Ich werd' mich durchbeißen, egal, was kommt! Keine Ausreden!

Wenn die Schmerzen kommen und Sie am liebsten aufgeben möchten, denken Sie:

> Ich geb' nicht auf! Ich doch nicht. Niemals! Ich kämpfe, bis es vorbei ist, und es ist erst vorbei, wenn der letzte Punkt gespielt ist.

Wenn Sie gegen einen Gegner spielen, den Sie nicht ausstehen können, und Ihnen Ihre Gefühle zu schaffen machen, stellen Sie sich vor, Sie würden gegen Ihren besten Freund spielen, oder gegen einen Spieler, gegen den Sie immer gut aussehen.

2. Entschlossenes Verhalten

Das ist einfach die Fähigkeit, Ihren Körper einzusetzen, um Ihren idealen Leistungszustand zu steuern. Das bedeutet diszipliniertes, präzises Verhalten während des Wettkampfes. Wie entschlossenes Denken auch, ist entschlossenes Verhalten eine mächtige Waffe, um Furcht, Ärger, Hilflosigkeit und Selbstzweifel in Schach zu halten. Hier sind einige Beispiele:
Wenn Sie spüren, wie Ihre Energie und Leichtfüßigkeit schwinden:

> Springen Sie auf Zehenspitzen auf und ab, geben Sie sich den Anschein, als seien Sie gerade am großartigsten Tag Ihres Lebens aus dem Bett gesprungen.

Wenn Sie einen absolut lächerlichen Fehler machen:

> Drehen Sie sich sofort um und zeigen Sie keine andere Regung als völlige Zuversicht.

Wenn der Gegner an allen Fronten vorrückt und jeder in Panik verfällt:

> Geben Sie sich in Haltung und Mimik das Aussehen eines tapferen Soldaten, der sich zum Kampf stellt. Denken Sie: Widerstand, Mut, Sieg!

Wenn Sie auf der ganzen Linie versagen:

> Setzen Sie Ihr strahlendstes Lächeln auf und machen Sie Ihren Gegnern durch Ihre Körperhaltung klar, daß diesmal zwar sie das glücklichere Ende hatten, daß es beim nächstenmal aber umgekehrt sein wird.

Wenn Sie kurz vor Spielschluß einen Punkt im Rückstand liegen:

> Übermitteln Sie durch Ihre Körperhaltung die Botschaft, daß Sie diese Herausforderung lieben.

Wenn Sie von sich oder anderen enttäuscht sind:

> Lassen Sie sich Schwäche oder Verzagtheit niemals ansehen.

Wenn das Spiel auf Messers Schneide steht:

> Senden Sie klare und deutliche Körpersignale aus, daß Sie die Situation, in der Sie sich befinden, lieben. Strahlen Sie durch Ihr Verhalten Freude aus, Kampfgeist, Siegeswillen und Gelassenheit, egal, was um Sie herum geschieht.

Glauben Sie fest an dieses simple Credo: Je heißer der Kampf und je größer die Schwierigkeiten, desto besser.

Kann das Wettkampf-Ich zu dominant werden?

Bei jeder Rolle, die Sie spielen, ist das Wettkampf-Ich beteiligt. Die meisten Menschen halten es für nötig, verschiedene Rollen in ihrem Leben zu spielen. Je mehr Rollen Sie in Ihrem Leben einnehmen und je häufiger Sie sie spielen müssen, desto weniger kommt Ihr Real-Ich zum Ausdruck. Es ist äußerst wichtig, daß Sie klar zwischen Ihrem Rollen-Ich und Ihrem wirklichen Ich unterscheiden. Wenn Sie eine Rolle spielen, zwingen Sie sich zu einem vorher festgelegten Verhalten, das dazu dient, ein bestimmtes Ziel zu erreichen. Wenn Ihr wirkliches Ich und Ihr Rollen-Ich zufällig übereinstimmen, gibt es keine Konflikte. Häufiger jedoch müssen Sie Ihre darstellerischen Fertigkeiten heranziehen, um in die Rolle zu schlüpfen, die Sie spielen müssen. Dabei wird jedesmal ein Teil Ihres Real-Ichs in den Hintergrund gedrängt.
Sie befinden sich gewissermaßen in einer Zwickmühle. Wenn Sie Ihre darstellerischen Fertigkeiten nicht entwickeln und anwenden, werden Sie wahrscheinlich nicht sehr weit kommen. Ihr Talent und Ihre Fähigkeiten werden weitgehend unangetastet bleiben. Wenn andererseits Ihr Wettkampf-Ich Ihre Persönlichkeit dominiert, werden wichtige Bedürfnisse des Real-Ichs häufig unterdrückt und somit nicht befriedigt. Wenn das Wettkampf-Ich eines Menschen seine Persönlichkeit dominiert, ist oft ein Hauch von Verstellung und Unwirklichkeit zu spüren. Solche Menschen wirken selbst in vertrauter Umge-

bung so, als stünden sie auf der Bühne. Ihre wahre Persönlichkeit bleibt verborgen.

Das Problem, das ein überentwickeltes Wettkampf-Ich mit sich bringt, liegt in der Gefahr, den Kontakt zu seinen echten Gefühlen und Emotionen zu verlieren. Je weiter Sie sich davon entfernen, wer Sie wirklich sind und was Sie wirklich empfinden und glauben, desto verwirrender wird die Situation: Wichtige Bedürfnisse werden vernachlässigt, ein Gefühl von Entfremdung setzt ein, Wertvorstellungen verlieren ihre Bedeutung und die Dinge ergeben plötzlich keinen Sinn mehr. Die Grundlage für persönliche Weiterentwicklung, die Befriedigung von Bedürfnissen und zum Glücklichsein ist zerbröckelt. Viele Darsteller Hollywoods leiden unter diesem Syndrom, und auch im Sport, besonders im professionellen, ist diese Erscheinung zu finden.

Wahre Stärke im Sport erfordert ein hohes Maß an Ausgeglichenheit. Ein schwaches Real-Ich oder ein schwaches Wettkampf-Ich ruft ein Ungleichgewicht hervor. Wie wir in Kapitel 2 gelernt haben, vereint mentale Stärke ein Real-Ich, das flexibel, gefestigt und belastbar ist, mit einem stark ausgeprägten Wettkampf-Ich. Die folgenden Kapitel enthalten neue Erkenntnisse über diese unentbehrliche Ausgewogenheit.

4.
Das Real-Ich

Du kannst einer Schwäche niemals entfliehen;
du mußt manchmal kämpfen, oder du gehst unter.
Da dies so ist,
stell dich dem Kampf –
hier und jetzt.

Robert Louis Stevenson

Bevor ein Wandel zum Besseren eintreten kann, müssen Sie die Wahrheit über sich erkennen. Wenn Sie mit dem, was Sie sehen, nicht zufrieden sind und es ändern wollen, müssen Sie die volle Verantwortung dafür übernehmen.

Wie stark Sie wirklich sind, ist eine bedeutende Frage – und die Antwort, die sich im Wettkampf schonungslos offenbart, bestimmt weitgehend das Ausmaß Ihres künftigen Erfolgs. Dieses Kapitel soll Ihnen helfen, diese entscheidende Frage so präzise und ehrlich wie möglich zu beantworten. Falsche Angaben in diesem Zusammenhang bringen den gesamten Lernprozeß zu einem abrupten Stillstand.

Ihr Ziel ist, mental stärker zu werden, um in Wettkämpfen konstanter an der oberen Leistungsgrenze Ihres Talents und Ihrer Fertigkeiten spielen zu können. Um dies zu erreichen, müssen Sie sich selbst offen gegenübertreten – kein Versteckspiel, keine Beschönigungen. In diesem Kapitel müssen Sie Ihr Real-Ich öffnen und genau unter die Lupe nehmen. Schieben Sie also Ihr Wettkampf-Ich für eine Weile zur Seite und nehmen Sie die Maske ab – keine Schauspielerei, kein Vortäuschen. Um die Hindernisse, die einem größeren Erfolg in Wettkämpfen im Wege stehen, zu überwinden, müssen Sie Ihre Abwehrmechanismen ausschalten und einen kritischen Blick auf Ihre tatsächliche innere Verfassung werfen.

Sich seine Schwächen einzugestehen, erfordert Mut, denn es kann ziemlich beängstigend sein, sich der Wahrheit über sich selbst zu stellen. Meist verwenden wir weit mehr Energie darauf, unsere Schwächen zu vertuschen als darauf, sie aufzudecken. Große schauspielerische Fertigkeiten sind zwar dann wichtig, wenn wir auf der Wettkampfbühne stehen, müssen aber zur Seite geräumt werden, wenn wir die Wahrheit über uns herausfinden wollen.

Wie in den vorangegangenen Kapiteln dargelegt wurde, gehört zu mentaler Stärke nicht nur ein ausgeprägtes Wettkampf-Ich, sondern auch ein gesundes und ausgeglichenes Real-Ich. In Kapitel 3 haben wir uns mit dem Wettkampf-Ich beschäftigt, jetzt wollen wir das Real-Ich ergründen.

Ihr Wettkampfprofil

Beginnen Sie Ihre Untersuchung damit, mit Hilfe der nebenstehenden Liste von Adjektiven Ihr persönliches Wettkampfprofil* zu erstellen.

Die Ausprägung jeden Begriffs wird auf einer kontinuierlichen Skala von 10 bis 1 beurteilt. Versuchen Sie, zu bestimmen, in welcher Ausprägung die einzelnen Begriffe auf Sie zutreffen. Beschreiben Sie dabei nur Ihr Verhalten beim Sport und nicht das Ihres Alltags. Seien Sie kritisch und zeichnen Sie ein möglichst genaues Portrait davon, wie Sie sich im Wettkampf verhalten. Dabei ist entscheidend, daß Sie sich weder besser noch schlechter machen, als Sie tatsächlich sind.

* Das *Competitive Adjective Profile* (CAP) ist eine Version des vorliegenden »Toughness Trainings«, die der Verfasser eigens für den US-amerikanischen Tennisverband entwickelt hat.

Dazu muß man allerdings anmerken, daß es sehr schwierig bis unmöglich ist, sich selbst objektiv zu beurteilen. Deshalb ist es sehr nützlich, wenn drei bis vier Personen, die Ihr Wettkampfverhalten gut kennen, zusätzliche Profile über Sie erstellen. Schärfen Sie diesen Personen ein, daß Sie nur an ihrer ehrlichen Meinung und nicht an Schöntuerei interessiert sind.

Offensichtlich beziehen sich einige der Beschreibungen auf das Real-Ich, andere auf das Wettkampf-Ich. Jeder Punkt der mit 7 oder höher bewertet ist, bedeutet Stärke, eine Bewertung von 4 oder weniger repräsentiert eine Schwäche.

Das aus der Bewertung resultierende Profil spiegelt erlernte Denk- und Verhaltensmuster wider, die sich emotional auswirken und die Wettkampffähigkeit massiv beeinflussen können. Diese Leistungsfaktoren sind jedoch nicht permanent und unverrückbar festgelegt, sondern können vielmehr durch Training modifiziert werden.

Ansatzpunkte eines gezielten Trainings

Es sind immer unsere Schwachstellen, durch die wir unter dem Druck eines Wettkampfes auf die Verliererstraße geraten. Das gilt für alle Ebenen: die mechanische, mentale, physische und die emotionale. Wenn Sie als Tennisspieler eine technisch schwache Rückhand haben, wird Ihr Widerstand bei zunehmendem Druck genau an diesem Punkt zuerst zusammenbrechen.

Wettkampfprofil	
10 9 8 7 6 5 4 3 2 1	
1. Ausgeglichen	Launisch
2. Unerschütterlich (schnelle emotionale Erholung)	Irritierbar (langsame emotionale Erholung)
3. Kämpferisch	Nicht kämpferisch
4. Selbstvertrauend	Unselbständig
5. Zielbewußt	Schwankend
6. Aggressiv	Passiv
7. Zuversichtlich	Unsicher
8. Geduldig	Ungeduldig
9. Diszipliniert	Undiszipliniert
10. Optimistisch	Pessimistisch
11. Verantwortungsbewußt	Verantwortungslos
12. Realistisch	Unrealistisch
13. Standfest	Ängstlich
14. Einsichtig	Uneinsichtig
15. Konzentriert	Unkonzentriert
16. Abgeklärt	Unreif
17. Motiviert	Unmotiviert
18. Emotional flexibel	Emotional unbeweglich
19. Gut im Problemlösen	Schlecht im Problemlösen
20. Mannschaftsbewußt	Egoistisch
21. Risikobereit	Nicht bereit zu Risiken
22. Schauspielerisch versiert	Schauspielerisch unbedarft
23. Ausgeprägte Körpersprache	Unausgeprägte Körpersprache
24. Locker	Verkrampft
25. Energiegeladen	Energielos
26. Körperlich fit	Körperlich unfit

Das gleiche gilt für den psychologischen und den physiologischen Bereich. Falsche Denkmuster und Streßreaktionen, ungesunde emotionale Angewohnheiten, mangelnde physische Ausdauer oder Kraft und ähnliche Schwachpunkte führen dazu, daß wir uns aufgeben.

Wie wir in Kapitel 2 gesehen haben, treten unsere Schwächen im Verlauf eines Wettkampfes immer mehr in den Vordergrund und unterbrechen schließlich den Energiefluß zwischen unserer Hardware (Körper) und unserer Software (Talent und Können). Zuversicht, Freude, positive Energie und Konzentration schlagen plötzlich um in Furcht, Zweifel, Enttäuschung und Entmutigung. Und ohne diesen Energiefluß und die zugrundeliegenden chemischen Abläufe ist die Schlacht im Nu verloren. Das bringt uns zu einem fundamentalen Grundsatz des Trainings zu persönlicher Leistungsentwicklung:

> Um stärker zu werden, müssen Sie vor allem das trainieren, wo Sie Schwächen zeigen.

Deshalb ist es so wichtig, seine Schwächen auch wirklich zu kennen. Dazu kann Feedback von Freunden und Bekannten wesentlich beitragen. Nur so haben Sie die Chance, dahin zu finden, wo Sie mit Ihren Bemühungen beginnen müssen – nämlich bei Ihrem wahren Ich.

Egal, wer Sie sind, wie alt Sie sind oder wie groß Ihre Schwächen sind, Sie können auf jeden Fall stärker werden. Es bedarf nur zweier Voraussetzungen, um Ihre mentale Wettkampfstärke zu verbessern: Sie müssen sich über Ihre Schwächen im klaren sein und sodann den festen Entschluß fassen, diese Schwächen gezielt abzubauen.

Geringe Motivation ist ein Alarmsignal

Welcher der sechsundzwanzig Faktoren des Wettkampfprofils, glauben Sie, ist der wichtigste? Die Antwort lautet: Motivation. Aus der Intensität Ihrer Antriebsstärke läßt sich am besten voraussagen, wie weit Sie es in Ihrer Sportart bringen werden. Sie können sich in allen anderen Faktoren verbessern, solange Sie dazu motiviert sind. Fehlt es Ihnen jedoch an Motivation, bricht der ganze Lernprozeß zusammen.

Nachdem Sie Ihr Wettkampfprofil erstellt haben, überprüfen Sie zunächst Ihre Punktzahl für Motivation, den einzigen Faktor, bei dem ein Ergebnis unter 7 höchste Alarmstufe bedeutet. Ohne Entschlossenheit und Hingabe versiegt der Energiefluß zwischen Ihrer Hardware und Ihrer Software. Ebenso ergeht es der Energiequelle, die Veränderungen und Verbesserungen Ihres Wettkampfverhaltens vorantreibt. Doch welche Bedeutung hat eine geringe Punktzahl für Motivation außer diesem enormen Blockierungseffekt? Nehmen wir an, Ihr Ergebnis bei diesem Faktor liegt bei 4 oder 5. Dieser Wert spiegelt einfach wider, in welchem Ausmaß die wettkampfmäßige Ausübung Ihres Sports Bedürfnisse befriedigt, die wichtig für Sie sind.

Ein niedriges Ergebnis bedeutet möglicherweise, daß der Sport zur Zeit nichts oder wenig zur Befriedigung Ihrer Bedürfnisse beiträgt. Bei schlechten Leistungen kann die Ausübung Ihres Sports der Befriedigung wichtiger Bedürfnisse sogar im Wege stehen. Ihr Bedürfnis nach Anerkennung, Bestätigung, Selbstachtung und Erfolg kann durch schlechte Leistungen einen ziemlichen Dämpfer bekommen.

Das kann unter Umständen eine sehr einsame, verwirrende und schmerzhafte Erfahrung sein. Und je mehr Sie sich aus einer Niederlage machen, desto größer ist der Schmerz. Sportler bekommen sehr schnell heraus, daß es weit weniger weh tut, wenn man sich die Niederlage nicht so zu Herzen nimmt. So wird geringe Motivation zu einer Schutzfunktion für Sportler, die sich häufig als Versager sehen.

Eine weitere Ursache für geringe Motivation ist der schier unerträgliche Druck, der entsteht, wenn bei einem Wettkampf zu viel auf dem Spiel steht. Druck von Eltern, die sich zu sehr einmischen, von rücksichtslosen Trainern und anderen einflußreichen Leuten kann einem den ganzen Spaß am Spiel verderben. Was bleibt, ist nur die Angst – die Angst, zu versagen, die Erwartungen nicht zu erfüllen und dumm dazustehen.

Ein vorübergehendes Nachlassen der Motivation ist möglicherweise eine Reaktion auf zu intensives Training. Wie wir in späteren Kapiteln sehen werden, ist Motivation ein sehr nützlicher Indikator für Übertraining. Zeitweilige Motivationstiefs signalisieren häufig übermäßigen Streß und den Versuch des Körpers, Erholung zu erzwingen. Wenn Ihnen nicht danach ist, sich anzustrengen, werden Sie es wahrscheinlich auch nicht tun, und das bedeutet weniger Streß.

Geringe Motivation kann also folgende Ursachen haben: unbefriedigte Bedürfnisse, unerträglicher Leistungsdruck, Fehleinschätzung der eigenen Leistung und mangelnder Erfolg, zu viel Streß und zu wenig Erholungsphasen. In dieser Situation kommt es nur darauf an, Ihre mangelnde Motivation als solche zu erkennen und auch zu akzeptieren, und zu versuchen, die Gründe dafür zu verstehen.

Schwächen beseitigen

Nehmen wir an, Sie haben Ihr Wettkampfprofil erstellt und in den folgenden Faktoren die niedrigsten Ergebnisse erzielt:

Ungeduldig: 3
Schauspielerisch unbedarft: 4
Unausgeprägte Körpersprache: 4
Unmotiviert: 6

Zu Beginn des Trainingsprogramms zu persönlicher Leistungsentwicklung wollen wir uns Ihrer Schwächen annehmen. Denken Sie daran, eine Punktzahl unter 7 für Motivation bedeutet höchste Alarmstufe. Nachdem Sie Ihre vier schwächsten Bereiche identifiziert haben, ist es Zeit, mit dem Training zu beginnen.

Schritt 1

Formulieren Sie Ihre Schwächen um in die entsprechende positive Form.

> Ich bin sehr geduldig; ich bin schauspielerisch versiert; meine Körpersprache ist ausgeprägt; ich bin hochmotiviert.

Schritt 2

Machen Sie diese vier positiven Faktoren für die nächsten dreißig Tage zu den wichtigsten Themen Ihres sportlichen Lebens.

Legen Sie sich zur Erinnerung Abschriften in Ihre Sporttasche, auf Ihr Nachtschränkchen, heften Sie eine an den Spiegel und ähnliches mehr.
Ändern Sie Ihre Gefühle bezüglich dieser Faktoren mit Hilfe der folgenden Visualisierungstechnik:

- ❒ Schreiben Sie jeden dieser positiven Faktoren auf eine 6 x 10 cm große Karte.
- ❒ Stellen Sie sich eine Szene vor, in der es Ihnen möglich ist, sehr geduldig und ein großartiger Darsteller zu sein, in der Sie sich einer ausgeprägten Körpersprache bedienen, und denken Sie an etwas, das zu benutzen oder zu besitzen Sie stark motiviert.
- ❒ Verbringen Sie jeden Morgen und jeden Abend zwischen zehn und dreißig Sekunden damit, sich die vier emotionalen Faktoren, die Sie stärken wollen, vorzustellen und zu empfinden. Diese Übung ist am wirksamsten, wenn sie gleich nach dem Aufwachen und kurz vor dem Einschlafen durchgeführt wird.

Schritt 3

Schreiben Sie jeweils eine kurze Zusammenfassung dessen, was Sie unternehmen wollen, um sich in den kommenden dreißig Tagen bezüglich der einzelnen Faktoren zu verbessern.

So bekommen Sie vier Seiten (eine Seite pro Faktor) mit einer persönlichen Planung zu Ihrer Weiterentwicklung. Betiteln Sie diese vier Pläne wie folgt:

- ❒ Mein Plan, geduldig zu werden
- ❒ Mein Plan, ein guter Darsteller zu werden

Tag	Sehr geduldig	Schauspielerisch versiert	Ausgeprägte Körpersprache	Hoch-motiviert
1	+	0	–	0
2	0	–	–	0
3	–	+	0	+
4	+	+	+	+
5	+	0	+	+

- ❒ Mein Plan, mich ausgeprägter Körpersprache zu bedienen
- ❒ Mein Plan, hochmotiviert zu sein

Schritt 4

Überprüfen Sie einen Monat lang jeden Tag Ihre Fortschritte hinsichtlich der vier positiven Faktoren.

Markieren Sie in einer Tabelle Fortschritte mit »+«, Stillstand mit »0« und Rückschläge mit »–«.
Auf der gegenüberliegenden Seite finden Sie ein Beispiel für die ersten fünf Tage eines Monats.

Schritt 5

Erstellen Sie nach dreißig Tagen Ihr Wettkampfprofil noch einmal. Tragen Sie wiederum alle Ihre Stärken und Schwächen ein. Wählen Sie dann wieder die vier schwächsten Bereiche für den nächsten dreißigtägigen Trainingszyklus aus.

Es bleibt zu hoffen, daß eine positive Entwicklung deutlich wird. Abhängig von dem Fortschritt, den Sie in dreißig Tagen machen, können Sie den einen oder anderen Faktor in den nächsten Zyklus übernehmen. Wenn Sie allerdings mehr als einen Monat an demselben Bereich arbeiten, müssen Sie einen völlig neuen Plan für Ihre Weiterentwicklung aufstellen. Versuchen Sie außerdem, die Intensität Ihrer Vorstellungen und Empfindungen während Ihres täglichen zweiminütigen Visualisierungstrainings zu erhöhen.

Der ganz persönliche Plan für Ihre Weiterentwicklung

In Schritt 3 sollen Sie eine kurze Zusammenfassung geben (eine Seite), auf welche Weise Sie Ihre Schwächen abbauen wollen. Das ist genau die Methode, nach der ich bei meiner Arbeit mit Sportlern vorgehe. Ich erkläre kurz, worum es geht, und stelle ihnen die Aufgabe, den Plan bis zum nächsten Termin auszuarbeiten. Überraschenderweise legen mir fast alle eine detaillierte Strategie vor. Mit etwas Unterstützung sind die meisten Athleten in der Lage, in allen Einzelheiten eine Vorgehensweise zu beschreiben, durch die sie ihre Schwächen abbauen können. Ich ermutige sie außerdem, ihre Strategie so konkret und durchführbar wie möglich zu gestalten, und lasse sie wissen, daß sie bereits über alle Informationen verfügen, die dazu nötig sind, den Änderungsprozeß einzuleiten. Sie müssen sich nur intensiv mit ihren Schwächen beschäftigen, dann kommen die Antworten von selbst.
Das gleiche möchte ich jetzt Ihnen sagen. Egal, was Ihre Schwächen sind – Stimmungsschwankungen, Abhängigkeit, Angst, geringe Energie, Verkrampftheit oder mangelnde körperliche Fitneß – Ihnen wird klarwerden, wie Sie damit umgehen müssen, wenn Sie sich die Zeit nehmen und die Mühe machen, durchführbare Strategien zusammenzustellen.
Im folgenden finden Sie einige praktische Vorschläge, die in Ihrem Plan zu

Ihrer Weiterentwicklung Anwendung finden könnten:

Bei geringer Motivation

1. Legen Sie eine Trainings- und Wettkampfpause ein (wenn Sie den Verdacht hegen, daß zu viel Streß und zu wenig Erholung zu den Ursachen gehören).
2. Geben Sie sich bewußt Mühe, im Training und beim Spiel mehr Spaß zu haben.
3. Wenn ein Großteil Ihres Stresses auf Druck von seiten der Eltern zurückzuführen ist, sprechen Sie das Thema an, um ihnen bewußtzumachen, welche Schwierigkeiten sie Ihnen damit bereiten.
4. Setzen Sie sich neue und aufregende Ziele. Setzen Sie sich täglich Ziele, damit Sie auf dem richtigen Weg bleiben, und langfristige, damit Sie geistig engagiert bleiben.

Bei Stimmungsschwankungen

1. Reduzieren Sie negatives Denken beim Training und im Wettkampf, indem Sie solche Gedanken gar nicht erst aufkommen lassen; ersetzen Sie negative Vorstellungen durch positive.
2. Nehmen Sie regelmäßig Kohlenhydrate zu sich (alle eineinhalb bis zwei Stunden), wenn Sie glauben, daß geringer Blutzucker eine der Ursachen sein könnte.
3. Reißen Sie sich zusammen, wenn Sie feststellen, daß Sie dabei sind, einem negativen Stimmungsumschwung nachzugeben.
4. Nehmen Sie sich vor, nach außen tatkräftig und positiv zu wirken, auch wenn negative Gefühle einsetzen. Machen Sie ein Spiel daraus, allen um Sie herum vorzutäuschen, Sie seien bester Stimmung.

Bei Irritierbarkeit

1. Wiederholen Sie nach einem schlimmen Fehler oder einer Enttäuschung zu sich selbst: »Das haut mich nicht um, ich werde mit jedem Tag abgebrühter.«
2. Denken Sie, wenn Sie in Schwierigkeiten stecken: »Kein Problem – schnell abhaken!« oder »Pech baut mich auf – ich schaff' das schon.«
3. Tun Sie nach jeder Krise beim Wettkampf nach außen hin so, als würde es Ihnen emotional gar nichts ausmachen.
4. Wenn es nicht so gut für Sie läuft, ermahnen Sie sich ständig selbst mit den Worten: »Kämpfe weiter.«

Bei Abhängigkeit

1. Beginnen Sie damit, mehr Verantwortung in allen Bereichen Ihrer Sportart zu übernehmen, z. B. Trainingspartner, den Transport zu Auswärtsspielen, Sportbekleidung, Trainingsgeräte und Erfrischungen für die Spielpausen zu organisieren.
2. Überlassen Sie es nicht Ihren Eltern, dafür zu sorgen, daß Sie regelmäßig trainieren und Ihre Hausaufgaben pünktlich erledigen, sondern verlas-

sen Sie sich – in wichtigen wie in nebensächlichen Belangen Ihres Lebens – mehr auf sich selbst.

3. Fangen Sie an, unabhängiger zu denken: »Auf geht's, das ist eine phantastische Gelegenheit, meine Führungsqualitäten zu beweisen.«
4. Machen Sie eine Aufstellung aller Situationen und Bereiche, in denen Sie bei Ausübung Ihrer Sportart Abhängigkeit zeigen. Kreuzen Sie diejenigen an, die Sie ändern wollen.

Sie leiden darunter, nicht stark genug zu sein

Wie bereits erwähnt, ist der beste Indikator für Ihre innere Stärke das Ausmaß, mit dem Sie sich im Wettkampf konstant an der Obergrenze Ihres Talents und Könnens bewegen können. Ein weiterer Indikator ist, überraschenderweise, Schmerz.

Beschäftigen wir uns zunächst mit physischer Stärke. Wie wissen Sie, wann Sie die Fähigkeit Ihres Körpers, mit physischem Streß umzugehen, überschritten haben? Denken Sie an Langstreckenlauf, Gewichtheben, oder daran, Liegestützen zu machen. Je näher Sie an Ihre absolute Grenze kommen, desto unwohler fühlen Sie sich. Wenn Sie diese Grenze überschreiten, setzt der Schmerz ein.

Wenn Sie also ein großes Maß an physischem Streß aushalten können, ohne Schmerzen zu empfinden, haben Sie einen hohen Grad physischer Stärke erreicht. Sportler in schlechter physischer Verfassung haben immer irgendwelche Wehwehchen oder Verletzungen. Das kommt daher, daß sie sich ständig in einem Zustand physischen Übertrainings befinden, da ihre Körper nur geringe Toleranz für physischen Streß aufweisen.

Was können Trainer von diesen physisch schwachen Athleten erwarten? Ständige Klagen darüber, was ihnen weh tut, und an welcher Stelle sie sich schon wieder verletzt haben. Das gleiche gilt für den mentalen und emotionalen Bereich: Wenn Sie über Ihre Fähigkeiten, mit mentalem und emotionalem Streß umzugehen, hinausgehen, kommt der Schmerz. Dieser psychische Schmerz äußert sich in Form von negativen Gefühlen und Emotionen.

Hartnäckige negative Gefühle und Gedanken sind Ausdruck dafür, daß Sie mental und emotional nicht stark genug sind. Genau wie im physischen Bereich, befinden sich Athleten, die unter diesen Schwächen leiden, in einem permanenten Zustand mentalen und emotionalen Übertrainings. Da sie nicht in der Lage sind, die tagtäglichen psychischen Belastungen ihres Sports auszuhalten, leiden sie ständig unter Schmerzen, beschweren sich unablässig und sind dauernd negativ eingestellt.

Hier sind einige Beispiele für mentalen und emotionalen Schmerz:

- ❐ Mentale und emotionale Müdigkeit
- ❐ Permanentes negatives Denken
- ❐ Verstimmungen
- ❐ Depressionen
- ❐ Nervosität und Angst
- ❐ Langeweile
- ❐ Geringe Motivation
- ❐ Wenig Freude

- ❐ Geringe Selbstachtung und geringes Selbstvertrauen
- ❐ Ausgebranntheit
- ❐ Gefühl, ständig angegriffen zu werden und sich verteidigen zu müssen

Je mehr Sie mental, physisch und emotional leiden, desto größer ist die Wahrscheinlichkeit, daß es Ihnen an innerer Stärke fehlt. Ein gutes Beispiel dafür ist ein Sportler, der sich völlig unvorbereitet und unfit in ein Trainingscamp begibt. Alle Schmerzen und körperlichen Beschwerden, die er dort fühlt, sind Ausdruck von Überforderung. Wer ständig über seine Grenzen hinausgeht, gerät in Schwierigkeiten in Form von Verletzungen, gebrochenem Selbstvertrauen und schlechten Leistungen.

Zusammenfassung

In diesem Kapitel wurden verschiedene wichtige Themen angesprochen. Als erstes haben wir uns damit beschäftigt, wie Sie eine realistische und ehrliche Antwort auf die Frage bekommen, ob Sie stark genug sind. Können Sie beim Wettkampf konstant an der Obergrenze Ihres Talents und Ihrer Fertigkeiten spielen? Leiden Sie permanent unter irgendwelchen Problemen physischer, mentaler oder emotionaler Art?

Im nächsten Abschnitt wurde Ihr persönliches Profil über Ihre Wettkampfstärken und -schwächen untersucht. In welchem Bereich sind Sie am anfälligsten? Entdecken Sie das schwächste Glied in der Kette Ihrer Stärken und Schwächen als Sportler. Fehlen Ihnen die darstellerischen Fertigkeiten? Stellt Ihr Real-Ich zu hohe Ansprüche? Sind Sie den physischen Anforderungen gewachsen? Die Antworten auf diese Fragen sind für den Aufbau neuer Stärken von entscheidender Bedeutung.

Beim letzten wichtigen Punkt in diesem Kapitel ging es darum, neue Strategien zu entwickeln, um Wettkampfschwächen abzubauen. Die intensive Beschäftigung mit den schwächsten Bereichen des Wettkampfverhaltens zahlt sich im Bestreben danach, seine Wettkampfstärke zu verbessern, am meisten aus.

5.

Wieso fehlt es Ihnen an innerer Stärke?

Warum sind einige Athleten stark und andere nicht? Warum versagen einige Sportler in manchen Situationen oder bekommen Wutausbrüche, während andere völlig ruhig und konzentriert bleiben? »Warum gebe ich immer dann auf, wenn es wichtig ist, genau zu dem Zeitpunkt, wenn viele meiner Gegner besser zu werden scheinen?«

Lassen Sie uns zur Beantwortung dieser Frage ein Verhalten untersuchen, das man mit dem Ausdruck »mangelhafte emotionale Reaktionen« bezeichnen könnte. Wir wissen inzwischen, daß Stärke die erlernte Fähigkeit ist, im Wettkampf eine ganz bestimmte emotionale Reaktion hervorzurufen. Diese Reaktion ist wohl am besten in dem Begriff »Herausforderung« verkörpert. Wenn Sie sich gefordert fühlen, sind Sie positiv eingestellt, energiegeladen und voller Tatendrang. Diese Reaktion geht oft einher mit Gefühlen der Freude, einer positiven kämpferischen Einstellung, Zuversicht und Konzentration. Jedesmal mit diesem Gefühl der Herausforderung zu kontern, wenn es in einem Wettkampf eng wird, erfordert herausragende emotionale Fertigkeiten.

Ich möchte den Vergleich zu der Zielscheibe eines Bogenschützen heranziehen, um zu verdeutlichen, wie sich diese Herausforderungsreaktion bei einem Sportler entwickelt. Betrachten wir zunächst die ungeschickteste und primitivste Reaktion auf Wettkampfstreß – einfach innerlich aufzugeben. Dies entspricht dem äußersten, am weitesten vom Zentrum liegenden Ring einer Zielscheibe.

Innerlich aufzugeben kann sich auf unterschiedlichste Weise äußern: mitten im Spiel aufzuhören, hergeholte Ausreden anzuführen, und ähnliches mehr. Sportler erkennen sehr bald, daß sie ihr Real-Ich vor Schmerz schützen, wenn sie sich Niederlagen und schlechte Leistungen nicht so zu Herzen nehmen. Indem sie sich emotional von dem Ereignis distanzieren, schirmen sie sich vor unerträglichem Schmerz ab.

Ausreden zu erfinden ist eine der verbreitetsten Formen inneren Aufgebens. Viele Sportler reduzieren außerdem ihre Anstrengungen, um ihre Nerven unter Kontrolle zu halten. Sportler merken sehr bald, daß sich ihre Angst und Nervosität während des Spiels verringert, wenn sie sich emotional weniger engagieren. Hier sind einige Beispiele:

- »Wenn ich wirklich gewollt hätte, hätte ich gewonnen. Aber ich war heute einfach nicht bei der Sache.«
- »Der Trainer ist echt ein Ekel. Solange er dabei ist, werde ich nie gut spielen.«
- »Ich hasse dieses Stadion. Hier habe ich noch nie gut gespielt.«
- »Mein Gegner hat wie verrückt gemogelt; deshalb habe ich so schlecht gespielt.«
- »Wozu soll ich mich anstrengen, es nützt ja doch nichts.«

Diese Reaktionen sind besonders unter Athleten verbreitet, die allgemein als talentiert gelten. Um ihr Image als Talent zu wahren, erfinden sie Tausende von Ausreden, um ihre schlechten Leistungen zu erklären. Genau aus diesem Grund werden oft die größten Talente zu den schlimmsten Spinnern. Sie erbringen aufgrund ihrer Probleme schlechte Leistungen und schützen dadurch ihr Real-Ich: »Ich habe schlecht gespielt, weil ich keine Lust hatte – nicht, weil ich kein Talent habe.«

Obwohl diese Gleichgültigkeit die psychischen Schmerzen lindert und die Nervosität verringert, fordert diese Art von Verhalten einen hohen Tribut: Sportler, die so reagieren, können ihr Potential nie ausschöpfen, denn durch diese Einstellung wird jede Verbindung zur Software abgeschnitten. Wenn Sie Energie, Motivation oder Einsatz wegnehmen, funktioniert bald gar nichts mehr. Das heißt, daß der Kampf, Ihr ganzes Talent und Können zu aktivieren, bald verloren ist.

Für Sportler, die in irgendeiner Form innerlich aufgeben oder sich gehenlassen, lautet die Antwort auf die Frage, weshalb sie nicht stark genug sind:

> Sie versäumen es, ihr Bestes zu geben, und lehnen es im Anschluß daran ab, die volle Verantwortung für die Konsequenzen zu übernehmen.

Wut

Nachdem Sie gelernt haben, die Reaktion, innerlich aufzugeben, zu kontrollieren, stehen Sie vor dem nächsten emotionalen Hindernis: Wut und negative Gefühle. Obwohl sich diese Reaktionen in unserem Bild von der Zielscheibe eines Bogenschützen bereits auf dem nächsten Ring in Richtung zum Zentrum befinden, erreichen Sportler, deren Wettkampfverhalten von negativen Gefühlen geprägt wird, niemals wirkliche Stärke. Wutausbrüche und negative Gefühle dienen oft als fehlgeleitete Versuche, das Real-Ich vor Schmerz zu bewahren. Sie können allerdings, genau wie die innerliche Aufgabe, Nervosität abbauen. Wenn man diese Verbindung einmal erkannt hat, ist die Versuchung groß, negative Gedanken und Emotionen zu benutzen, um Verkrampfungen und emotionalen Schmerz unter Kontrolle zu halten.

An dieser Stelle muß angemerkt werden, daß diese negative Einstellung gegen sich selbst oder gegen andere gerichtet sein kann. Dabei behindern gegen sich selbst gerichtete negative Emotionen und Wut die Steuerung des idealen Leistungszustandes am meisten und sind für das Real-Ich am schädlichsten.

John McEnroe ist ein gutes Beispiel für einen Sportler, der gelernt hat, seine Nerven durch Wut zu kontrollieren. Sein Zorn und seine Feindseligkeit waren jedoch immer gegen andere gerichtet. Stets waren Schieds- und Linienrichter, Kamerateams oder Zuschauer Ziel seiner Wutausbrüche. Sobald ein Spieler sich gegen sich selbst wendet und seine Wut nach innen richtet, begibt er sich auf die Verliererstraße.

McEnroe ist einer der wenigen Weltklasseathleten, der in Wettkämpfen große Erfolge erzielte, indem er mit Wut einhergehende chemische Abläufe dazu benutzte, Furcht zu kontrollieren. Doch neunundneunzig Prozent der Spieler, die es ihm nachmachen, scheitern. McEnroe hat erkannt, daß seine Nervosität sofort nachließ, wenn er seine Wut von sich weg und auf die Schieds- und Linienrichter, seine Gegner oder die Zuschauer richtete. Um potentielle negative Auswirkungen seiner Wutausbrüche einzuschränken, entwickelte er ein besonderes Geschick, sich vor Beginn des nächsten Ballwechsels wieder zu beruhigen. Um das zu erreichen, ließ er sich zwischen den Ballwechseln besonders viel Zeit und führte eine lange Reihe von Ritualen aus, die ihm halfen, seine Ruhe und Konzentration wiederzufinden.

Seine Leistung mit Hilfe der mit Wut verbundenen chemischen Prozesse aufrechtzuerhalten ist wie Öl ins Feuer gießen, damit es weiterbrennt. Manchmal klappt es, aber nur allzuoft verbrennt man sich dabei die Finger. Ich bin der festen Ansicht, daß John McEnroe genau aus diesem Grund nie zu seiner wahren Größe fand. Er war vielleicht der talentierteste Spieler, der je einen Tennisplatz betreten hat, aber sein Unvermögen, seine Nerven auf effektivere Art und Weise in den Griff zu bekommen, war tragisch. Seine Wutausbrüche blockierten nicht nur die volle Entfaltung seines Talents, sondern nahmen ihm nach und nach auch die Freude und den Spaß am Spiel. Jedes Match wurde zum Krieg, und Krieg ist bekanntlich alles andere als Spaß.

Hier sind einige Beispiele dafür, wie Athleten Wut und negative Gefühle in Wettkämpfen einsetzen:

- ❐ **Um das Real-Ich zu schützen**
  Wenn Sie schlecht spielen und von einem schwächeren Gegner geschlagen werden, liegt es nicht daran, daß Sie über weniger Talent verfügen, sondern daß Sie durch Ihre Wutausbrüche den Faden verloren haben.
- ❐ **Um den Druck zu verringern**
  Indem Sie sich einreden, Sie seien dumm, vertrottelt oder hirnlos, schrauben Sie die Erwartungen zurück und beruhigen Ihre Nerven.

- **Um sich aufzuputschen**
  Sportler lernen, ihre Wut einzusetzen, um sich zu stimulieren und aufzuputschen. Es ist bekannt, daß Wut den Kampfgeist steigert.
- **Um Verkrampfung vorzubeugen**
  Durch Wut kann man seine Angst überwinden. Diese Tatsache stellt eine große Versuchung für den Athleten dar, die durch Wiederholung noch unwiderstehlicher wird: Hilflosigkeit und Angst durch Temperamentsausbrüche wegzublasen. Niemand fühlt sich gerne hilflos. Die meisten Athleten würden Furcht liebend gerne gegen Wut eintauschen.
- **Um den Zuschauern zu zeigen, daß Sie es eigentlich besser können**
  Wenn Sie weder Enttäuschung noch Wut zeigen, glauben die Zuschauer, Sie können gar nicht besser spielen. Auch das ist eine irregeleitete Strategie, die das Real-Ich schützen soll.

Aus diesen Beispielen ist leicht zu ersehen, weshalb so viele Athleten durch negative Emotionen vom Weg abkommen. Obwohl sie als Strategie, mit dem Wettkampfdruck fertig zu werden, dem innerlichen Aufgeben überlegen sind, bringen negative Emotionen Sie offensichtlich nicht dahin, wo Sie eigentlich hin wollen. Deshalb lautet für alle Athleten, die in irgendeiner Form negative Gefühle einsetzen, die unmißverständliche Antwort auf die Frage, warum sie nicht stark genug sind:

> Sie sind nicht in der Lage, ihren Kampfeswillen mit positiven Emotionen zu schüren.

Verkrampfung

Wenn die angstreduzierenden Strategien des innerlichen Aufgebens und der Wut nicht mehr angewendet werden, sehen sich viele Sportler vor das Problem der Verkrampfung gestellt. Verkrampfen bedeutet, daß man schlecht spielt, weil man Angst hat. Angst ruft mächtige, primitive hormonale Reaktionen hervor, die äußerst leistungshemmend wirken können. Obwohl Angst die Entfaltung von Talent und Können unter Umständen völlig blockiert, repräsentiert sie den Ring, der dem Zentrum der Zielscheibe am nächsten liegt.

Verkrampfung bedeutet, daß Sie nur noch einen Schritt von dem Stadium entfernt sind, das Sie erreichen müssen, um Ihre Bestleistung erbringen zu können. Athleten, die verkrampfen, sind mit Sicherheit stärker und emotional gefestigter als diejenigen, die sich der beiden vorangegangenen Strategien bedienen, um ihre Schwierigkeiten zu überwinden. Rufen wir uns einige elementare Wahrheiten über Verkrampfung ins Gedächtnis:

- Jeder Sportler verkrampft einmal. Egal, wie stark Sie werden, eine solche Reaktion kann Ihnen immer wieder passieren.
- Wenn Sie verkrampfen, heißt das lediglich, daß Sie emotional engagiert sind.
- Das einzige Mittel gegen Verkrampfung besteht darin, sich emotional zu distanzieren.
- Mentale Stärke bedeutet, fähig zu sein, mit dem Phänomen der Ver-

krampfung fertig zu werden, und nicht, es abstellen zu können.

- Starkes Denken und Verhalten trägt wesentlich dazu bei, diese Reaktion unter Kontrolle zu bringen.
- Verkrampfung ist ein biochemischer Prozeß. Die bei Angstreaktionen ausgeschütteten Streßhormone sind genauso real wie deren Auswirkungen.
- Verkrampfung findet nicht ausschließlich im Kopf statt!

Warum also verkrampfen einige Athleten so viel häufiger als andere? Warum sind manche Sportler anfälliger als andere? Hier sind einige zusätzlichen Gedanken, die zur Beantwortung dieser Fragen von entscheidender Bedeutung sind:

1. Je empfindlicher und unsicherer Ihr Real-Ich ist, desto anfälliger sind Sie dafür, zu verkrampfen.
2. Gesundes Selbstbewußtsein verringert das Risiko, zu verkrampfen.
3. Hohe Motivation erhöht das Risiko, zu verkrampfen.
4. Eltern, die sich zu sehr einmischen, erhöhen das Risiko, daß ihre Kinder verkrampfen, oft enorm.
5. Je mehr Sie sich davor fürchten, desto eher verkrampfen Sie.
6. Es sind eine Reihe von erlernten Fertigkeiten, die Bestandteil mentaler Stärke sind, nötig, um die Reaktion des Verkrampfens unter Kontrolle zu bringen.

Verkrampfung ist ein Zeichen von Stärke im wahrsten Sinne des Wortes. Sie beweist, daß Sie stark genug sind, der Angst offen gegenüberzutreten, anstatt sich emotional aus dem Staub zu machen, indem Sie innerlich aufgeben oder sich in Wutausbrüche flüchten.

Es ist schade, daß sich so viele Athleten so große Sorgen machen, wenn sie verkrampfen, sich aber wenig darum kümmern, wenn sie aufgeben oder zu negativen Reaktionen übergehen. Verkrampfen bedeutet Risikobereitschaft und Engagement. Auch wenn Sie nicht immer verhindern können, daß Sie von den chemischen Begleiterscheinungen der Angst überkommen werden, liegt es trotzdem an Ihnen, mit welcher Einstellung und welchem Einsatz Sie weiterspielen. Der entscheidende Punkt ist:

> Sportler, die verkrampfen, und trotzdem mit hundertprozentigem Einsatz sowie absoluter positiver Einstellung weiterkämpfen, beweisen große Stärke.

Den Schmerz überwinden

Verkrampfen kann scheußlich sein. Während des Kampfes fühlen Sie sich miserabel und anschließend noch schlimmer, weil Ihnen bewußt ist, daß Ihr Talent und Können zu keinem Zeitpunkt ganz zum Tragen gekommen ist. Sie sitzen nur da und fühlen sich leer, verraten und betrogen. Einige der einsamsten und verzweifeltsten Momente im Leben eines Sportlers sind die, bei denen Verkrampfung mit im Spiel war. Gerade deshalb ist das volle Verständnis dieses Prozesses so wichtig.

Die Reaktion des Verkrampfens zu meistern ähnelt dem Erlernen eines neuen komplexen Bewegungsablaufs. Erst nachdem Sie eine lange Reihe falscher Reaktionen durchlaufen haben, lernen Sie die richtige. Und Verkrampfen ist einfach eine falsche Reaktion. Doch genau wie beim Einüben mechanischer Fertigkeiten lernen Sie die erwünschte Reaktion nicht, wenn Sie emotional aufgeben oder eine extrem negative Einstellung entwickeln.

Es erfordert unermüdliches Training, zu lernen, seine Angst unter Kontrolle zu bringen. Mehr noch, es ist wohl die größte Herausforderung im Sport. Machen Sie sich diesen entscheidenden Punkt klar: Verkrampfung – eine völlig normale und natürliche Reaktion – reflektiert in keiner Weise persönliche Schwächen oder Defizite. Verkrampfung bedeutet im Gegenteil, daß Sie sich zum Zentrum der Zielscheibe vorarbeiten, und ist außerdem häufig ein Zeichen dafür, daß Sie großen emotionalen Mut entwickeln. Es erfordert stets großen Mut, der Angst offen gegenüberzutreten, anstatt emotional den Rückzug anzutreten.

Sich der Herausforderung stellen

In größter Bedrängnis Stärke zu entwickeln bedeutet, die Situation als emotionale Herausforderung zu betrachten; das heißt: kein Zurückweichen, kein Jammern, keine Ausflüchte, kein Toben. Das Zentrum der Zielscheibe steht dafür, durchzuhalten, weiterzukämpfen, neue Kräfte zu mobilisieren, sich zusammenzureißen und Druck zu machen, wenn praktisch jeder andere schon auf dem Weg in die Umkleidekabine ist.

Anstatt Angst und Hilflosigkeit zu empfinden, erleben Sie ausgeprägte Gefühle von Angriffslust und Kampfgeist, gepaart mit einem tiefen Bewußtsein von Ruhe und Zuversicht. Die Härten des Wettkampfs wirken eher stimulierend als bedrohlich, und da die Reaktion, Schwierigkeiten als Herausforderung zu betrachten, von positiven Emotionen gespeist wird, nimmt allmählich ein neues Gefühl Form an: die Liebe zum Kampf.

Es ist leicht, den Sieg zu lieben, doch den Kampf zu lieben erfordert Stärke. Diese Fähigkeit kann nur durch ausdauerndes emotionales Training erworben werden.

Zusammenfassung

Die Antwort auf die Frage, wieso es Ihnen an innerer Stärke fehlt, lautet gewöhnlich, daß Sie die Denk- und Verhaltensweisen, durch die Sie den Wettkampf als Herausforderung annehmen können, nicht gelernt haben. Natürlich sind Wut, Angst und innere Aufgabe völlig normale und auch gebräuchliche Reaktionen auf den Druck in einem Wettbewerb.

Dagegen ist es weder üblich noch »normal«, den Kampf zu lieben und Bedrängnis, drohende Niederlagen und Druck als willkommene Herausforderung zu sehen. Doch gerade daran erkennt man den Sieger, den Ausnahmeathleten, den Champion. Leider wird der Lernprozeß durch die Gewohnheit blockiert, innerlich aufzugeben und gleichzeitig eine negative Einstellung zu entwickeln. Nur durch erlernte mentale Stärke wird diese unbezahlbare emotionale Reaktion erreichbar.

Im nächsten Kapitel beschäftigen wir uns mit dem Thema, wieso es einigen Athleten so schwerfällt, negative Reaktionen zu überwinden.

6.

Wieso halten Sie den Druck nicht aus?

Waren Sie jemals gezwungen, nach einem Arm- oder Beinbruch mehrere Wochen lang einen Gipsverband zu tragen? Erinnern Sie sich noch, wie Ihr Arm oder Bein aussah, als der Verband entfernt wurde? Wahrscheinlich werden Sie es nie vergessen. Zusammengeschrumpft. Abgemagert. Schwächlich. Erschreckend. Dies ist ein dramatisches Beispiel dafür, was passiert, wenn Muskeln zu sehr vor Belastung bewahrt werden.

Das Prinzip ist ganz einfach: Wenn Muskeln nicht beansprucht werden, werden sie zunehmend schwächer. Wenn der Gips sehr lange getragen werden muß, ist sogar die geringste Belastung zuviel für den Muskel. Knochenbrüche entstehen durch Überbelastung, geschwächte Muskeln sind die Folge von mangelnder Beanspruchung.

Überbelastete Knochen und unterbeanspruchte Muskeln reagieren genau wie wir, wenn wir zu großem oder zu geringem emotionalen Streß ausgesetzt sind. Das Unvermögen, sich im Wettkampf durchzubeißen, hat seinen Ursprung oft in einer Lebensgeschichte mit zu viel oder zu wenig emotionalem Streß. Sowohl emotionale Überbehütung als auch Überbelastung kann Schwierigkeiten beim Wettkampfverhalten zur Folge haben.

Es überrascht nicht, daß Eltern bei der Entwicklung mentaler Stärke ihrer Kinder eine Schlüsselrolle einnehmen. Fortgesetzte Probleme junger Athleten, wie innerlich aufzugeben, sich undiszipliniert zu verhalten und zu verkrampfen, hängen oft mit Erziehungspraktiken der Eltern zusammen. Eltern, die zu große Anforderungen stellen, für die nur der Sieg zählt, die ihre Träume durch ihre Kinder ausleben oder auf mangelnde Leistungen mit Liebesentzug reagieren, erzeugen unter Umständen unerträglichen emotionalen Streß.

Wenn das Real-Ich durch überzogenen Leistungsdruck verletzt wird, werden emotionale Flexibilität, Reaktionsfähig-

keit, Stärke und Widerstandskraft herabgesetzt. Die Fähigkeit, beim Wettkampf ständig dieses Gefühl der Herausforderung hervorzurufen, erfordert ein gesundes, ausgeglichenes Real-Ich.
Massiver elterlicher Druck kann das Real-Ich leicht erdrücken und dadurch das wiederholte Ausbleiben positiver Emotionen nach sich ziehen. Die Folge davon sind gewöhnlich Ausflüchte, Zornesausbrüche und Verkrampfung. Daraus ergibt sich eine mögliche Antwort auf die Frage nach Ihrer inneren Stärke:

> Unerträglicher Streß in Form von übermäßigem elterlichen Druck hat Ihr Real-Ich geschwächt.

Obwohl Probleme mit dem Real-Ich oft mit übersteigertem Drängen seitens der Eltern zusammenhängen, gibt es eine Anzahl anderer Einflüsse, die zu Unausgeglichenheit führen mögen. Wie Sie sich jedoch vorstellen können, sind viele entscheidende Einflüsse auf das Real-Ich mit elterlichen Erziehungspraktiken im frühen Entwicklungsstadium des Kindes verbunden.
Eltern erschweren die Entwicklung zu mentaler Stärke, indem sie den Bedürfnissen des Kindes nach Sicherheit, Liebe und Zuneigung nicht nachkommen. Unbefriedigte emotionale Bedürfnisse bilden häufig die Quelle für Streß – besonders für junge, in der Entwicklung stehende Sportler. Das Real-Ich wird zu abhängig und zu schwach, um unvermeidbaren Rückschlägen bei Wettkämpfen standzuhalten. Niederlagen bereiten schier unerträgliche Schmerzen: Das Gefühl, versagt zu haben, zerstört die Selbstachtung.
Sportler, die mit unbefriedigten Bedürfnissen nach Liebe, Zuneigung und Selbstachtung in den Wettkampf gehen, schaffen es einfach nicht, sich der Herausforderung zu stellen. Die psychischen Anforderungen sind zu hoch, die emotionalen Auswirkungen im Falle eines Versagens zu beängstigend. Versagensangst wird zur dominierenden Kraft und macht den Wettkampf zur Bedrohung.
Daraus ergibt sich eine weitere mögliche Antwort auf die Frage nach Ihrer inneren Stärke:

> Zu viel Streß in Form unbefriedigter Grundbedürfnisse hat Ihr Real-Ich geschwächt.

Emotionale Schutzschilde

Viele Sportler, denen es an mentaler Stärke fehlt, waren emotional überbehütet. Wir haben bereits gesehen, wie zu viele »Neins« seitens der Eltern bezüglich der Befriedigung von Bedürfnissen den Entwicklungsprozeß zu mentaler Stärke beeinträchtigen können. Zu viele »Jas« haben genau den gleichen Effekt: ein geschwächtes, unterentwickeltes Real-Ich. Wenn Eltern zu oft nachgeben und zu allem Ja sagen, blockieren sie ohne Zweifel eine entsprechende Konditionierung im mentalen, emotionalen und auch physischen Bereich.
Überbehütete, zu nachsichtig behandelte Kinder werden oft als verwöhnt bezeichnet. Verwöhnte Sportler sind

schlechte Wettkämpfer, weil sie den Streß des Wettkampfes einfach nicht tolerieren können. Da ihnen alles zu leicht gemacht wurde, konnten sie keine emotionale Stärke und Flexibilität entwickeln. Sowohl unsere Muskeln als auch unsere Emotionen benötigen ein gewisses Maß an Streß, um zu wachsen und sich zu entwickeln.

Häufig sind es Sportler aus wohlhabenden Familien, die auf diesem Gebiet Probleme haben. Sie hatten es zweifellos zu leicht. Zu viele Zugeständnisse führen zu Schwäche, nicht zu Stärke. Wer, außer im Wettkampf, immer seinen Willen bekommt, wird niemals in der Lage sein, sich dem unnachgiebigen Wall von Enttäuschungen in einem Wettkampf entgegenzustemmen. Wie jeder echte Wettkämpfer aus Erfahrung weiß, sieht man sich im Spiel ständig neuen Enttäuschungen gegenüber. Es bedarf einer Menge Übung – auf und außerhalb des Spielfeldes –, mit Herausforderung zu reagieren, auch wenn sich die Enttäuschungen häufen und noch so weh tun. Überbehütete Sportler müssen, um stärker zu werden, Schicht für Schicht ihren emotionalen Schutzschild entfernen. Das bedeutet, größere emotionale Risiken einzugehen und mehr emotionale Enttäuschungen einzustecken. Nicht mehr auf Sicherheit gehen. Kein Weglaufen, keine emotionalen Fluchten mehr. Das heißt, sie müssen damit aufhören, sich zu verstecken, und sich der Herausforderung stellen. Nur so ist mentale Stärke zu erreichen

Daraus ergibt sich eine dritte mögliche Antwort auf unsere Frage nach Ihrer inneren Stärke:

Zu wenig Streß in Form von Enttäuschungen hat zu einem geschwächten Real-Ich geführt.

Natürlich ändert sich nichts, wenn Sie lediglich erkennen, daß Ihr Real-Ich nicht flexibel, kämpferisch und stark genug ist, um dem Wettkampfdruck standzuhalten. Wenn Sie jedoch die Hintergründe verstehen, weshalb es Ihnen an innerer Stärke und Durchhaltekraft fehlt, machen Sie in Ihrem Veränderungsprozeß einen großen Schritt in Richtung Erfolg. Das Verständnis dafür, wie Eltern, Trainer, Lehrer und andere Personen möglicherweise das Ausmaß Ihrer mentalen Stärke beeinflussen und bestimmen, kann zu wichtigen Erkenntnissen und entscheidenden Veränderungen führen.

Obwohl die Eltern in den frühen Jahren des Kindes die kritische Rolle in dessen gesamten Entwicklungsprozeß spielen, müssen Sie ab jetzt selbst die volle Verantwortung für Ihre physische, mentale und emotionale Stärke übernehmen. Es ist keinesfalls Sinn und Zweck dieses Buches, Eltern oder anderen Personen Schuld zuzuweisen. Das Ziel besteht vielmehr darin, klarzumachen, welche Kräfte Sie emotional geformt haben, welche Kursänderungen Sie vornehmen müssen, um Schritt für Schritt erfolgreicher in Ihrem Sport zu werden.

Das in Kapitel 4 beschriebene Wettkampfprofil (Competitive Adjectives Profile, CAP) ist ein ideales Mittel, um sich selbst kennen und verstehen zu lernen. Die Mehrzahl der Faktoren bezieht sich auf Belange des Real-Ichs. Der erste Schritt besteht darin, die Wahrheit über sich selbst zu erkennen, der zweite, so gut wie möglich zu verstehen, wie Sie hinsichtlich emotionaler Stärke zu dem geworden sind, was Sie heute sind. Ihre erste Aufgabe in diesem Training (in Kapitel 4) bestand darin, Ihr Wettkampfprofil zu erstellen und Ihre Schwächen aufzudecken.

Jetzt ist es Ihre Aufgabe, diese Schwächen genau unter die Lupe zu nehmen und nach Gründen dafür zu suchen, weshalb sich Ihr Real-Ich in gewissen Bereichen nicht entwickelt hat.

Ein schwaches Wettkampf-Ich

Was ist, wenn Ihr Real-Ich relativ gesund und ausgeglichen ist und Sie trotzdem permanent Schwierigkeiten im Wettkampf haben? Mangelnde Wettkampfstärke ist im Grunde auf zwei breitgefächerte Faktoren zurückzuführen. Der erste ist ein unterentwickeltes Real-Ich, das Problem, mit dem wir uns gerade beschäftigt haben, der andere ist ein unterentwickeltes und unausgebildetes Wettkampf-Ich. Wenn Ihre Probleme nicht im Real-Ich liegen und Sie es trotzdem nicht schaffen, sich durchzubeißen, dann ist die Ursache für Ihre Probleme im Wettkampf wahrscheinlich in unzureichendem Wettkampfverhalten zu suchen. Lassen Sie uns die Angelegenheit näher betrachten.

Mangelhaftes Wettkampfverhalten läßt sich in drei Kategorien beschreiben:

1. **Mangelhafte gedankliche Disziplin:** Das ist im Grunde die Unfähigkeit, erwünschte Emotionen durch diszipliniertes Denken auszulösen.

2. **Mangelhaftes Vorstellungsvermögen:** Das ist im Grunde die Unfähigkeit, erwünschte Emotionen durch bildhafte Vorstellungen auszulösen.

3. **Mangelhafte darstellerische Fertigkeiten:** Das ist im Grunde die Unfähigkeit, erwünschte Emotionen durch disziplinierte Mimik und Gestik auszulösen.

Wie wir in Kapitel 2 und 3 gelernt haben, bedarf es ausgeprägter Fertigkeiten im gedanklichen und darstellerischen Bereich, um sich ständig in seinen idealen Leistungszustand versetzen zu können. Sportler, die nicht gelernt haben, in ihrem Denken und Verhalten stark zu sein, werden nicht in der Lage sein, wenn es darauf ankommt, ihre Bestleistung zu erbringen. Egal, wie ausgeglichen und gesund Ihr Real-Ich auch sein mag, wenn Ihr Wettkampfverhalten schwach ist, werden Sie Ihr Potential nie ausspielen können.

Bleibt die Frage nach dem Warum. Was stand der Entwicklung Ihres Wettkampfverhaltens im Weg? Warum sind Sie während des Wettkampfes immer noch so undiszipliniert in Ihrem Denken und Verhalten? Ist es einfach nur Faulheit?

Haben Sie jemals hart daran gearbeitet, Ihr Denken, Visualisieren und Ihre darstellerischen Fertigkeiten zu verbes-

sern? Welchen Einfluß haben Eltern und Trainer in dieser Hinsicht ausgeübt? Haben sie versucht, Sie dazu zu bringen, in diesen Bereichen disziplinierter und gewissenhafter zu sein? Oder haben Sie bezweifelt, daß diese mentalen und emotionalen Fertigkeiten tatsächlich so wichtig sind, und sie deshalb links liegenlassen?
Ihre nächste Aufgabe im Trainingsprogramm zu mentaler Stärke besteht darin, sich mit diesen Themen zu beschäftigen. Schreiben Sie Ihre Überlegungen zu den beiden folgenden Fragen nieder: Erstens, wie gut ist mein Wettkampfverhalten, und zweitens, was sind die Gründe dafür? Diese Aufgabe ist besonders wichtig für Sportler mit unzureichendem Wettkampfverhalten.

Der Kampf gegen sich selbst

Es gibt ein weiteres Problem, das ich im Zusammenhang mit der Frage, weshalb Sie sich nicht durchbeißen können, ansprechen möchte. Dieses Problem erstreckt sich sowohl auf Belange des Wettkampf-Ichs (Kapitel 2) als auch des Real-Ichs (Kapitel 4).
Einer der häufigsten Gründe dafür, daß Spieler dem Druck nicht standhalten können, besteht darin, daß sie sich gegen sich selbst wenden, wenn sie in Schwierigkeiten geraten. Es ist beinahe so, als ob Real-Ich und Wettkampf-Ich sich spalten würden und nichts mehr miteinander zu tun hätten. Der eine Teil wird zum tadelnden, besserwissenden Kritiker, der andere zum inkompetenten, ja hilflosen Spieler.

Das Real-Ich wechselt schamlos die Fronten und wird zum vernichtenden Kritiker:

- »Es ist eine Schande, wie schlecht du spielst.«
- »Was ist eigentlich los mit dir?«
- »Du begreifst es nie.«
- »Du machst ja die einfachsten Schläge falsch.«
- »Du bist ja so blöd.«

Plötzlich toben zwei Schlachten gleichzeitig: die eine gegen den eigentlichen Gegner, die andere in Ihrem Inneren. Urplötzlich, wenn es ums Ganze geht, kommt tief aus Ihrem Innern diese leise Stimme und beginnt mit ihrer endlosen Litanei von Selbstkritik. Die Kräfte, die einst vereint einen externen Gegner bekämpft haben, sind auf einmal in einen internen Streit verstrickt. Eine Schlacht, die an zwei Fronten geführt werden muß, ist schwer zu gewinnen.
Das ist genau der Grund, weshalb Athleten, die sich ständig selbst in den Rücken fallen, nie zu großen Persönlichkeiten werden. Eine vehemente Attacke gegen die eigene Person ist eigentlich eine Art von Meuterei. Tatsächlich ist es eine andere Form, Ausflüchte zu suchen, und die Verantwortung dafür, was passiert, von sich zu schieben.
Überlegen Sie einmal: Sie attackieren sich selbst, weil Sie nicht damit zufrieden sind, wie Sie spielen. »Sie« kommen in diesem Satz sehr oft vor. Es ist von niemandem sonst die Rede. Wer ist also der fehlerlose, allwissende Richter? Sie selbst! Wenn Sie jemals in einer Mannschaft gespielt haben, in der die Spieler

aufeinander losgingen, sobald sie in Schwierigkeiten gerieten, kennen Sie das Ergebnis. Wenn die Mitspieler anfangen, sich gegenseitig zu beschimpfen, bringt die Mannschaft nicht mehr annähernd das, wozu sie imstande ist. Dasselbe passiert mit Einzelspielern.

Machen Sie sich nichts vor: Sie sind alles, was Sie haben. Sie machen die Fehler und Sie sind verantwortlich dafür. Sie sind außerdem der einzige, der sich Mut machen und Kraft geben, der Talent und Können zum Leben erwecken und dem Druck standhalten kann.

Dem Druck standzuhalten bedeutet, sich selbst treu zu bleiben, sich selbst zur Seite zu stehen, nicht die Fronten zu wechseln, sich nicht selbst in den Rücken zu fallen. Behandeln Sie sich selbst so, wie Sie Ihren besten Freund behandeln würden, wenn Sie seine Bestleistung aus ihm herausholen möchten. Würden Sie mit Ihrem besten Freund so sprechen wie mit sich selbst? Höchst unwahrscheinlich.

Wenn Sie sich durch diese Beschreibung angesprochen fühlen, ist es höchste Zeit, daß Sie Ihr bester Freund werden.

Zusammenfassung

Wir haben mehrere mögliche Antworten auf die Frage nach der Bedeutung des Durchhaltevermögens untersucht. Leistungsprobleme lassen sich gewöhnlich auf ein geschwächtes Real-Ich, ein unzureichend entwickeltes Wettkampf-Ich oder eine Kombination der beiden zurückführen. Ein geschwächtes Real-Ich entsteht, wenn der Spieler in seiner Entwicklung entweder zu viel oder zu wenig Streß ausgesetzt war, wobei die Eltern eine zentrale Rolle spielen. Ein unzureichend entwickeltes Wettkampf-Ich resultiert daraus, daß der Spieler nicht gelernt hat, sich hinsichtlich seines Denkens und Handelns auf dem Platz diszipliniert zu verhalten.

Undiszipliniertes, schlampiges Denken, Visualisieren und Verhalten machen die Kontrolle des idealen Leistungszustands unmöglich. Diszipliniertes, entschlossenes Denken und Handeln sind Voraussetzung für die Fähigkeit, sich im Wettkampf zu behaupten.

Wir haben außerdem untersucht, welche Bedeutung und Auswirkungen es hat, wenn ein Spieler während eines Wettkampfs mit sich selbst zu hadern und sich Vorwürfe zu machen beginnt. Im Wettkampf zu bestehen ist nur möglich, wenn Real-Ich und Wettkampf-Ich eine Einheit bleiben und als wirkliches Team funktionieren. Die Schlacht gegen sich selbst zu gewinnen ist ausschlaggebend für den Erfolg als Sportler und Wettkämpfer.

Praktische Übungen zum Mentaltraining

Machen Sie den Versuch einer schriftlichen Analyse (mindestens 750 Wörter), weshalb Ihr Real-Ich nicht widerstandsfähig genug ist. Welche Kräfte haben Ihre persönliche Entwicklung in dieser Hinsicht blockiert?

- ❐ Waren Sie zu viel oder zu wenig Streß ausgesetzt?

- ❐ Wie hat sich der Einfluß von Eltern, Trainern, Lehrern, Geschwistern und anderen Personen auf die Entwicklung Ihrer mentalen Stärke ausgewirkt?
- ❐ Haben Sie sich unter- oder überfordert gefühlt?
- ❐ Wenn massiver Druck (nicht von seiten der Eltern) weiterhin ein Problem für Sie darstellt, müssen Sie sich fragen, wo dieser ganze Druck eigentlich herkommt.
- ❐ Wenn er ausschließlich von Ihnen selbst kommt, stellen Sie sich die Frage, weshalb die Befürchtung, zu versagen, solche verheerenden Auswirkungen haben kann.
- ❐ Was macht Ihr Real-Ich so zerbrechlich, so ängstlich, zu versagen?

Es ist oft ein langwieriger Prozeß, die Antworten auf all diese Fragen zu finden. Sorgfältiges Nachdenken und Beharrlichkeit sind nötig, um wichtige Einsichten über sich selbst zu gewinnen. Sie müssen nach innen horchen, fühlen, darüber reden, Abstand gewinnen, zurückkommen und tiefer graben. Die Wahrheit über sich selbst zu finden und zu verstehen, ist ein lebenslanger Prozeß und von fundamentaler Bedeutung für persönliches Wachstum.

Ihr Ziel bei der Lektüre dieses Buches besteht darin, Ihr persönliches Wachstum hinsichtlich Ihrer Wettkampfstärke zu beschleunigen, hängt also offensichtlich mit Sport zusammen. Darüber hinaus werden Sie jedoch, während Sie bezüglich Ihrer emotionalen Flexibilität und Stärke im sportlichen Bereich wachsen, gleichzeitig Ihre Fähigkeit verbessern, Streß in allen anderen Lebensbereichen zu bewältigen. Es verhält sich tatsächlich so, daß die Schlachten, die man auf dem Spielfeld gegen sich selbst gewinnt, den Weg ebnen für weit größere Siege im Leben allgemein.

Schreiben Sie eine Zusammenfassung von 250 bis 300 Wörtern über die Gründe, weshalb Sie während des Wettkampfs hinsichtlich Ihres Denkens, Visualisierens und Verhaltens nicht disziplinierter sind. Obwohl es nicht leicht sein wird, diese Fragen zu beantworten, können die Einsichten, die Sie möglicherweise dadurch gewinnen, Ihr persönliches Wachstum als Wettkämpfer gewaltig beeinflussen.

7.

Streß und Erholung

In Kapitel 6 haben wir gelernt, daß sowohl zu viel als auch zu wenig Streß hinderlich für die Entwicklung mentaler Stärke ist. In diesem Kapitel werden wir sehen, daß mental stärker zu werden, unmittelbar mit zwei bestimmten Faktoren verbunden ist. Wenn Sie nicht bereits über die beiden folgenden Fähigkeiten verfügen, haben Sie die Möglichkeit, sie zu entwickeln:

1. Die Fähigkeit, Streß und Erholung im Training und im täglichen Leben auszubalancieren.

Wie wir sehen werden, muß man völlig erholt in einen Wettkampf gehen, um bis zum letzten kämpfen zu können.

2. Die Fähigkeit, in dem Bereich, in dem Sie stärker werden wollen, möglichst häufig wellenförmig zwischen Streß und Erholung auszugleichen.

Wir werden später sehen, daß Fortschritte in physischer, mentaler oder emotionaler Stärke als direkte Folge dieser Wellenerzeugung eintreten. Dieses Konzept hat seinen Ursprung in dem hypothetischen Modell der Wellenenergie von Dr. Irv Dardik. Aus seiner Anwendung der Wellentheorie im medizinischen Bereich ergaben sich wertvolle Aufschlüsse über Zusammenhänge von Streß und Erholung.

Zum besseren Verständnis der Beziehung zwischen Streß und Erholung sowie der Entwicklung mentaler Stärke ist es notwendig, einige Begriffe klarzustellen. In dem vorliegenden Programm bezeichnen wir alles, was einen Energieverbrauch verursacht, als Streß, während wir unter Erholung das verstehen, wodurch uns Energie wieder zugeführt wird.

Physischer Streß besteht, wenn durch das Bewegen von Muskeln Energie verbraucht wird; *mentaler Streß* tritt auf, wenn Energie zum Denken und zur Konzentration aufgewendet wird; *emotionaler Streß* entsteht, wenn Energie dafür verwendet wird, Angst, Ärger oder andere Gefühle zu empfinden.

Physischer Streß ist, ein Rennen zu laufen, mentaler Streß ist, sich eine Taktik zu überlegen, und emotionaler Streß ist, sich über sein Abschneiden Sorgen zu machen.

Auch für die Erholung gilt die obenstehende Dreiteilung. Oft ist Erholung gleichbedeutend mit Ruhe. Wenn Sie sich ausruhen, unterbrechen Sie vorübergehend Perioden von Streß und schaffen die Möglichkeit, wieder Energie aufzuladen.

Unter physischer Erholung verstehen wir die Reduzierung von Muskelstimulation, mentale Erholung erreichen wir, indem wir abschalten sowie mentale Stimulation einschränken, und emotionale Erholung wird schließlich ermöglicht, indem wir negative Emotionen wie Angst, Ärger und Wut durch positive Gefühle von Gelassenheit und Selbstvertrauen ersetzen.

Streß und Erholung sind außerdem sehr eng mit der Befriedigung von Bedürfnissen verknüpft. Unerfüllte Bedürfnisse repräsentieren Streß, ihre Befriedigung bedeutet Erholung. Gefühle von Hunger, Müdigkeit, Angst und Depression bedeuten ebenfalls Streß, während von diesen Gefühlen frei zu sein Erholung bedeutet.

Energieausgleich

Um die Beziehung zwischen Streß und Erholung zu veranschaulichen, betrachten wir die Notwendigkeit, dafür zu sorgen, daß unser »Kontostand« ausgeglichen ist. Abhebungen sind gleichbedeutend mit Streß, Einzahlungen mit Erholung.

Die meisten Menschen lieben es, Geld auszugeben, indem sie Schecks ausstellen. Sie finden es aber gleichzeitig ungleich schwieriger, Einzahlungen auf ihr Konto vorzunehmen. Trotzdem muß es sein – wenn Ihre Ausgaben das Guthaben auf Ihrem Konto übersteigen, bringen Sie sich sehr bald in ernste Schwierigkeiten.

Auch im Sport bleibt es nicht ohne Folgen, wenn Sie mehr Energie verbrauchen als wieder laden. Im physischen Bereich führt das wiederholte Versäumnis, das Energiekonto auszugleichen, zu Muskelbeschwerden, Erschöpfung und Verletzungen. Im mentalen Bereich sind die Folgen mangelnder Fokus, Konzentrationsschwächen und Schwierigkeiten, Probleme zu lösen. Im emotionalen Bereich sind die Konsequenzen unzureichenden Energieausgleichs negative Einstellungen und psychische Erschöpfung. In allen drei Fällen führt Unausgeglichenheit zu Niederlagen gegen Spieler, die man ansonsten besiegt hätte.

Ein weiteres anschauliches Beispiel für die Beziehung zwischen Streß und Erholung bietet uns ein elektrisch betriebenes Auto. Wenn wir die Batterien aufladen, fährt das Auto mit Höchstgeschwindigkeit. Doch während wir auf der Autobahn dahinbrausen, wird die gespeicherte Energie verbraucht, das Auto wird langsamer und eine Funktion nach der anderen fällt aus. Egal, wie toll das Leistungspotential des Wagens bei vollen Batterien ist, wenn die gespeicherte Energie aufgebraucht ist, bleibt er einfach stehen. Sein Potential liegt brach, bis neue Energie zugeführt wird. Nachfolgend finden Sie einige wichtige Überlegungen zu der Beziehung zwischen Streß/Erholung und dem Entwicklungsprozeß zu physischer, mentaler und emotionaler Stärke:

- ❒ Streß ist alles, was – physisch, mental und emotional – zu Energieverbrauch führt.
- ❒ Erholung ist alles, wodurch – physisch, mental und emotional – Energie wiedergewonnen werden kann.
- ❒ Unerfüllte Bedürfnisse sind Formen von Streß.
- ❒ Die Befriedigung von Bedürfnissen ist Erholung.
- ❒ Um im Wettkampf ein tolles Ergebnis liefern zu können, sollten Sie darauf achten, daß Einzahlungen auf Ihr Energiekonto in etwa den Ausgaben entsprechen. Sie sollten sich das Ziel setzen, möglichst nur im Vollbesitz Ihrer Kräfte in den Wettkampf zu gehen.
- ❒ Der Ausgleich zwischen Streß und Erholung ist eine Grundvoraussetzung dafür, ein leistungsfähiger Wettkämpfer zu werden.

Beispiele für Streß und Erholung

Um Ihr Energiekonto auszugleichen, müssen Sie eine klare Vorstellung davon haben, wann Sie Energie verbrauchen und wie Sie wieder Energie aufnehmen. Die nachstehende Übersicht enthält einige Beispiele verschiedener Formen von Streß, auf der folgenden Seite finden Sie eine Zusammenstellung von Formen der Erholung.

Wie bereits vorher erwähnt, sind unerfüllte physische, mentale und emotionale Bedürfnisse des Real-Ichs – Bedürfnisse nach Nahrung, Flüssigkeit, Schlaf, Ruhe, Sicherheit, Zugehörigkeit, Selbstrespekt und Anerkennung – häufig die Ursachen von Streß. Negative Gefühle und Emotionen hängen oft eng mit einem oder mehreren dieser unerfüllten Bedürfnisse zusammen.

Lernen Sie zu erkennen, welche Situationen Streß und welche Erholung darstellen. Physischer Streß gilt allgemein als unverkennbar, z.B. beim Schwimmen die letzte Bahn nach einer anstrengenden Trainingseinheit. Mentaler und

Verschiedene Formen von Streß

Physischer Streß	Mentaler Streß	Emotionaler Streß
• Laufen • Schlagen • Springen • Gewichtheben • Gehen • Bewegung • Gymnastik	• Denken • Konzentration • Fokus • Visualisierung (Bildhafte Vorstellung) • Analysieren • Problemlösung	• Ärger • Angst • Niedergeschlagenheit • Depression • Negative Gefühle • Frustration • Verletzte Gefühle

Verschiedene Formen der Erholung

Physische Erholung	Mentale Erholung	Emotionale Erholung
• Gefühle körperlicher Erleichterung (reduzierter Hunger, Durst, Müdigkeit, etc.) • Essen • Trinken • Schlafen • Nachmittagsschlaf • Verlangsamter Herzschlag • Verlangsamte Atmung • Nachlassen der Muskelspannung (Gefühl, körperlich entspannter zu sein)	• Gefühle geistiger Entspanntheit • Erhöhte Gelassenheit • Erhöhtes Bewußtsein, sich im Kopf zu entspannen • Erhöhte Phantasie • Verringerter Fokus • Erhöhte Kreativität • Erhöhte spontane bildhafte Vorstellung • Beruhigung der Hirnaktivitäten	• Gefühle emotionaler Entspanntheit • Verstärkte positive Gefühle • Weniger Angst und Ärger • Mehr Freude und Vergnügen • Stärkere Gefühle von Sicherheit und Geborgenheit • Mehr Selbstachtung • Gesteigerte Gefühle persönlicher Erfüllung

emotionaler Streß sind oft etwas subtiler, z.B. wenn Sie aus Sorge darüber, daß Sie einen bestimmten Spielzug für das Match am nächsten Tag nicht ausreichend beherrschen, nicht einschlafen können. Es ist äußerst wichtig, zwischen Streß und Erholung unterscheiden zu können. Ohne dieses Verständnis ist es Sportlern kaum möglich, Ausgeglichenheit zwischen Streß und Erholung zu schaffen und aufrechtzuerhalten.

Die Wellentheorie

Kommen wir kurz auf unser Beispiel von dem Arm zurück, der nach einem Bruch in Gips gelegt worden ist. Der Gipsverband schützt den gebrochenen Knochen vor physischem Streß und sorgt dadurch für eine längere Erholungsphase. Aufgrund der Schwere der Verletzung braucht der Knochen diese lange Pause, um wieder zu heilen. Um die Heilung zu ermöglichen, muß auf eine massive Dosis an Streß (die Ursache für den Bruch) eine massive Dosis Erholung folgen.

Natürlich führt der völlige Schutz des Armes vor Streß zur Stärkung des gebrochenen Knochens. Doch was passiert mit den Muskeln, die den Knochen umgeben, und keinen Schaden erlitten haben? Wie bereits erwähnt, beginnen die vor jeglicher Anstrengung geschützten Muskeln beinahe sofort zu erschlaffen. Das Fehlen von Streß führt zu einer zunehmenden Schwächung der gesunden Muskeln, die schließlich ihre Fähigkeit, Energie aufzuwenden (Streß), völlig einbüßen.

Was mit Muskeln passiert, die in einem Gipsverband stillgelegt sind, gleicht dem, was mit uns geschieht, wenn wir hinsichtlich mentalem und emotionalem Streß überbehütet werden. Ganz von mentalem oder emotionalem Streß abgeschnitten zu sein, ist wie ein verlängerter Urlaub.

Wenn der Urlaub zu lang ist, wenn wir dem Streß von Beruf, Schule oder Training zu lange fernbleiben, verlieren wir nach und nach die Fähigkeit, in dem entsprechenden Bereich mit Streß umzugehen. Wie das Beispiel vom Armbruch gezeigt hat, ist ein ausgedehnter Urlaub von Streß manchmal jedoch nötig, um den Heilungsprozeß zu ermöglichen.

Dasselbe gilt auch für den mentalen und den emotionalen Bereich. Ernste mentale oder emotionale Schwierigkeiten können eine verlängerte Erholungspause von Streß erforderlich machen. Wenn die Verletzung jedoch nicht akut oder traumatisch ist, treten Wachstum und Stärkung als Folge wellenförmiger Phasen von Streß und Erholung ein. In anderen Worten – wellenförmiger Ausgleich.

Nach Entfernung des Gipsverbandes kommt der Arm zunächst in eine Schlinge. Die Schlinge schützt die geschwächten Muskeln und den Arm zwar weiterhin, läßt aber wesentlich mehr Stimulation (Streß) zu als der Gips. Der Patient wird gewöhnlich angewiesen, den Arm für kurze Zeit aus der Schlinge zu nehmen (Streß), und ihn, wenn er geschwächt ist, wieder in die Schlinge zu legen (Erholung).

Um die Muskeln völlig wiederherzustellen, müssen die Streßphasen langsam erhöht und die Erholungspausen abgebaut werden. Nachfolgend finden Sie eine Zusammenfassung, wie wellenförmiger Ausgleich zwischen Streß und Erholung mit physischer, mentaler und emotionaler Stärke zusammenhängt:

- ❒ Beträchtliche Schwächungen, die aus ernsten Verletzungen physischer, mentaler oder emotionaler Art entstanden sind, erfordern meist eine längere Erholungszeit unmittelbar nach der Verletzung, um heilen zu können, und später in Zeit und Intensität zunehmende Streßperioden, um Wiederherstellung und Stärkung zu ermöglichen.
- ❒ Beträchtliche Schwächungen physischer, mentaler oder emotionaler Art, die aufgrund zu langer Erholung (Überbehütung) entstanden sind, erfordern in Zeit und Intensität zunehmende Streßperioden, um Wiederherstellung und Stärkung zu ermöglichen.
- ❒ Physische, mentale oder emotionale Schwächen in Stärken umzuwandeln bedeutet immer zunehmende Streßperioden, gefolgt von starken Wellen der Erholung. Das ist mit wellenförmigem Ausgleich gemeint.

Da Beispiele aus dem physischen Bereich am leichtesten zu verstehen sind, beginnen wir damit.

Wellenförmiger Ausgleich im physischen Bereich

Gewichtheben, um die Muskelkraft zu steigern

Hanteln zu stemmen, Gewichte zu ziehen oder mit den Beinen zu pressen usw. bedeutet Streß, die Zeit zwischen den einzelnen Übungen Erholung. Im richtigen Umfang erhöhter Streß und verkürzte Erholungszeit führt zur Stärkung der Muskulatur.
Die meisten Gewichtheber legen nach einem Trainingstag einen Ruhetag ein, um zwischen den Streßperioden 24stündige Erholungspausen zu haben. Gewichtheben regt das Wachstum der Muskulatur an, doch die Muskeln wachsen eigentlich während der Erholungsphasen.

Marathonlauf

42 Kilometer durchzulaufen ist eine gewaltige Dosis an Streß, der unbedingt eine ausgedehnte Phase physischer Erholung, die oft Tage oder Wochen andauert, folgen muß.
Um zu ermöglichen, daß der Körper das Ausmaß an Streß, das ein Marathonlauf darstellt, aushalten kann, ohne vor Erschöpfung zusammenzubrechen, müssen auf Wochen hinaus die Dosierungen von Streß (Laufen) nach und nach erhöht werden. Die zunehmende physische Fitneß drückt sich sowohl in besseren Laufzeiten (die Fähigkeit, ein höheres Maß an Streß auszuhalten) als auch in kürzeren Erholungszeiten (die Fähigkeit, verbrauchte Energie schneller zurückzubringen) aus.

Befriedigung physischer Bedürfnisse

Hunger reflektiert ein körperliches Bedürfnis und stellt eine Streßphase dar. Die Befriedigung dieses Bedürfnisses durch Essen bedeutet Erholung. Je mehr Nährstoffe aufgenommen werden, die der Körper braucht, desto wirkungsvoller ist die Erholungsphase. Dasselbe gilt für Schlaf. Das Bedürfnis nach Schlaf ist Streß, seine Befriedigung Erholung. Je stärker das Schlafbedürfnis ist, desto größer ist der Streß; je länger und tiefer der Schlaf, desto größer der Erholungseffekt.

Wellenförmiger Ausgleich im mentalen Bereich

Konzentration beim Training

Ihre Aufmerksamkeit auf ein bestimmtes Ziel zu konzentrieren bedeutet Streß, Ihren Geist wandern zu lassen Erholung. Viele Sportarten erfordern völlige Konzentration über lange Zeiträume. Diese mentale Fähigkeit muß nach dem gleichen Grundsystem aufgebaut werden wie die Kräftigung der Muskulatur – indem Sie sich schrittweise immer mehr Streß aussetzen.
Beginnen Sie mit kurzen intensiven Konzentrationsphasen, gefolgt von Erholungspausen. Verlängern Sie nach und nach die Konzentrationsphasen (das Ausmaß an Streß) und verkürzen Sie die Zeit, in der Sie sich nicht konzentrieren (die Zeit, die der Erholung

dient). Das ist genau der Grund, weshalb Konzentration während des Trainings so wichtig für den Erfolg im Wettkampf ist.

Neue mentale Gewohnheiten (Diszipliniertes Denken)

Mentaltraining, wie Visualisieren, Strategien und Taktik immer wieder im Geist durchzugehen, sich zu trainieren, positiver zu denken, bedeuten Streß. Nicht über diese Dinge nachzudenken, nicht mental zu trainieren, ist Erholung. Die meisten Sportler versäumen es, sich in diesem Bereich genügend Streß aufzuerlegen. Sie trainieren mental einfach nicht genug (setzen sich zu wenig Streß aus). Als Folge können sie die mentale Spannung nicht aufrechterhalten, die notwendig ist, um im Wettkampf ihre Bestleistung zu erreichen. Ihr Denken ist undiszipliniert, unkonzentriert und unproduktiv, weil sie im Training immer wieder versäumt haben, in ausreichendem Maße mentalen Streß für sich zu erzeugen. Wie das physische Spiel wird das mentale Spiel in den Wochen des Trainings, die dem Wettkampf vorangehen, gewonnen oder verloren.

Mentale Wellen während des Wettkampfs

Ein Nachlassen der Konzentration im Wettkampf ist eine Welle der Erholung, die sich in unterschiedlicher Weise auf die Leistung auswirken kann. Doppelfehler, leicht verschlagene Bälle und alle möglichen anderen Fehler passieren, wenn wir unseren Fokus verlieren.

Diese Aussetzer sind unbeabsichtigte Wellen der Erholung, die oft während langer Phasen von erhöhtem Streß auftreten. Bei Spielern, die trainieren, die sich ohnehin in jedem Match bietenden Gelegenheiten zur Erholung besser zu nutzen, geht die Zahl dieser Aussetzer gewöhnlich zurück. Ein gutes Beispiel für eine Gelegenheit zur Erholung ist beim Tennis die Zeit zwischen den Punkten. Den Punkt zu spielen erfordert höchste Konzentration (mentaler Streß), die 225-Sekunden-Pause zwischen den Punkten bietet eine großartige Gelegenheit für eine kurze Welle der Erholung.

Den Vorteil, die Gelegenheiten zur Erholung, die in einer bestimmten Sportart vorhanden sind, voll auszunutzen, kann bei der Bewältigung von mentalem Streß ausschlaggebend sein. Dauernd über Ihren Sport nachzudenken oder darüber zu reden, verlängert die mentale Streßphase und erhöht das Risiko, daß mentale Aussetzer zum falschen Zeitpunkt auftreten.

Tennis als Ausgleichssport kann für einen Golfer mentale Erholung sein, für einen Tennisspieler ist es vielleicht Golf. Einen völlig anderen Sport auszuüben durchbricht eingefahrene Denkmuster und erzeugt dadurch eine wertvolle Welle der Erholung.

Wellenförmiger Ausgleich im emotionalen Bereich

Setzen Sie emotionalen Krisen Spaß entgegen

Schlimme Niederlagen, Formtiefs und verpaßte Gelegenheiten sind oft mächtige Auslöser von Streß. Kinobesuche, das Herumhängen mit Freunden, die Sie zum Lachen bringen, Besichtigungen, Einkaufsbummel, alles, was Ihnen Spaß macht, erzeugt Wellen emotionaler Erholung. Emotionale Wellen zu erzeugen ist für den erfolgreichen Umgang mit großem emotionalen Streß äußerst wichtig.

Um emotional stärker zu werden, müssen Sie sich ins Feuer wagen und schnell wieder herausspringen, bevor Sie sich verbrennen

Das Feuer ist der Druck, die Angst vor der Niederlage, der Zweifel und die Unwägbarkeiten des Wettbewerbs. Wenn Sie nie das Risiko eingehen, ins Feuer zu springen, werden Sie nie emotionale Stärke entwickeln. Sich ins Feuer zu wagen (emotionaler Streß) und wieder herauszuspringen (emotionale Erholung), ist die einzige wirksame Formel, emotionale Stärke aufzubauen.

Erholung ist eine wichtige Botschaft an Sie selbst: Es geht noch; die Rückschläge haben Sie nicht zerstört; Sie schaffen es, im Feuer zu stehen, ohne sich zu verbrennen. Doch um diese Botschaften aussenden zu können, müssen Sie effektive Wege finden, um emotionale Erholung zu stimulieren.

Probleme anzusprechen stimuliert emotionale Erholung

Für die meisten Sportler ist es eine große Erleichterung, wenn sie mit Menschen, die sie mögen (Trainer, Familie, Freunde), über ihre emotionalen Schmerzen und ihren inneren Aufruhr sprechen. Die Emotionen in sich zu vergraben hat hingegen genau den entgegengesetzten Effekt. Emotionale Wellen zu erzeugen heißt gewöhnlich, von negativen zu positiven Gefühlen und Emotionen überzugehen. Zu den Aktivitäten, die emotionale Erleichterung und Erholung mit sich bringen können, gehören schreiben, malen, Musik hören oder spielen, Gymnastik, Yoga und Meditation.

Wie Sie erkennen, ob Sie ausgeglichen sind

Je nachdem, in welcher Phase der Wellenbewegung Sie sich gerade befinden, wenden Sie vielleicht mehr Energie auf, als Sie aufgenommen haben, oder, Sie schöpfen mehr neue Energie, als Sie aufwenden. Sie werden sich während Ihres Trainings zu jedem beliebigen Zeitpunkt in einem Zustand der Unausgeglichenheit zwischen Streß und Erholung befinden. Doch das ist alles Teil Ihres Entwicklungsprozesses zu emotionaler Stärke.

Der entscheidende Faktor ist das Gesamtbild – in welchem Maße sich Erholung und Streß auf Dauer ausgleichen. Es ist wie mit Ihrem Scheckbuch: Sie können schon mal Schecks über Beträge ausstellen, die Ihr Guthaben auf dem Konto übersteigen, solange Sie für Deckung sorgen, bevor die Schecks platzen. Auf unsere Grafik bezogen heißt das, daß Streß und Erholung ausgeglichen sein müssen. In anderen Worten, der Gesamtverbrauch an Energie (Streß) muß mindestens so groß sein wie der gesamte Energiegewinn (Erholung), sonst ist der Körper gezwungen, viele seiner Leistungssysteme abzuschalten.

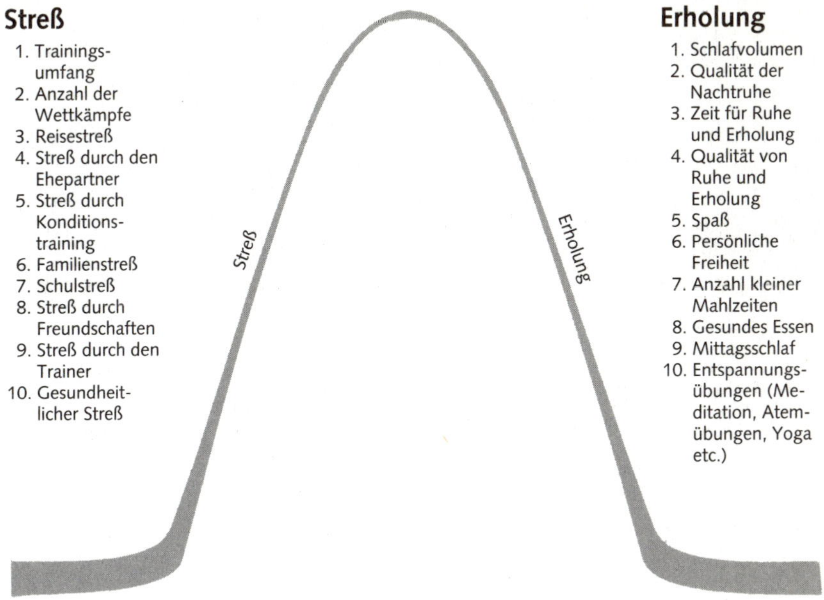

Abb. 2 Gesamtausgleich zwischen Streß und Erholung

Abbildung 2 zeigt einen solchen Gesamtausgleich zwischen Streß und Erholung.

Der beste Indikator, um den Grad Ihrer Ausgeglichenheit zwischen Streß und Erholung zu bestimmen, ist Ihr Energiepegel. Wenn Sie eine Menge Energie, Motivation, Antrieb und Begeisterung fühlen, sind Streß und Erholung bei Ihnen wahrscheinlich sehr ausgeglichen. Ein anderer Gradmesser für Ausgeglichenheit ist Spaß. Wenn Ihnen Ihr Sport weiterhin großen Spaß macht, ist Ihr Streß/Erholung-Konto vermutlich im Plus.

Im nächsten Kapitel werden wir uns eingehend mit den Indikatoren für Unausgeglichenheit beschäftigen.

Zusammenfassung

In diesem Kapitel ging es um den Zusammenhang zwischen Streß und Erholung und dem Entwicklungsprozeß zu größerer physischer, mentaler und emotionaler Stärke. Außerdem wurden die Auswirkungen der Wellentheorie auf diesen Prozeß untersucht. Indikatoren für Ausgeglichenheit zwischen Streß und Erholung wurden vorgestellt und im Kontext von Motivation und Spaß besprochen.

Praktische Übungen zum Mentaltraining

Jetzt ist es an der Zeit, einen Streß/Erholung-Fragebogen auszufüllen. Diese Aufgabe wird Ihr Verständnis dafür vertiefen, wie sich Tag für Tag und Woche für Woche Streß und Erholung abwechseln. Die Fragebogen finden Sie im Anhang dieses Buches. Diese Bogen sollen sieben Tage lang täglich ausgefüllt werden. Danach können Sie Ihre Punktzahl für die Woche errechnen. Die Anleitung zum Ausfüllen und jene für die Auswertung sind ebenfalls im Anhang zu finden (siehe Seite 156ff.).

8.

Über- und Untertraining

Es ist früher Morgen, und jeder einzelne Muskel Ihres Körpers schmerzt. Ihnen tut alles weh. Sie können sich kaum rühren. Sie sind müde, übelgelaunt und hassen die ganze Welt. Sie haben die Nase voll von Ihrem Trainer und dem Trainingslager. Sich aus dem Bett zu quälen und zum Training zu gehen ist das letzte, was Sie jetzt wollen.

Der Trainer ist fest entschlossen, Ihr Team in Form zu bringen – und es ist erst der fünfte Tag des Trainingslagers. Sie sind nicht der einzige, der fix und fertig ist. Gestern ist Ihr bester Freund im Team in scheußlicher Stimmung aufgewacht und hat sich einfach geweigert, aufzustehen. Der folgende lautstarke Streit mit dem Trainer endete damit, daß Ihr Freund das Team verlassen hat. Sie wissen, daß es jetzt, nachdem Ihr Freund fort ist und Sie niemand mehr haben, mit dem Sie Ihren Kummer teilen können, noch härter wird. Ihre körperliche Ausgebranntheit dehnt sich auf den mentalen Bereich aus – anstatt frisch und munter fühlen Sie sich niedergeschlagen und gleichgültig. Sie sind emotional am Boden, da Ihnen bewußt ist, daß Sie den Rest des Trainingslagers allein durchstehen müssen.

Sie wissen, daß Trainer ihre Athleten während der Vorbereitung auf die neue Saison durch die Hölle schicken, doch irgendwie haben Sie nicht erwartet, daß die Feuer der Hölle gar so heiß sind. Vor Ihnen liegt eine endlose Reihe von 50-m-Spurts, 100-m-Spurts, Waldläufen, Sprints, Liegestützen, Hanteltraining – Sie fragen sich ernsthaft, ob Sie einen weiteren Tag überstehen können.

Hier handelt es sich um ein Beispiel für Übertraining. Das Ausmaß an Streß übersteigt einfach die Fähigkeit Ihres Körpers, sich zu regenerieren. Der Grund für dieses Übertraining ist, daß Ihr Trainingsstreß vor dem Trainingslager nicht groß genug war, um mit dem Ausmaß an Streß im Trainingslager fertig zu werden.

Für all die Schmerzen gibt es nur eine von zwei Erklärungen – entweder Sie waren nicht fit genug fürs Trainingslager, oder das Training ist einfach überzogen. Fast alle anderen bewältigen die Aufgabe ohne größere Schwierigkeiten, also scheint das Problem ausschließlich bei Ihnen zu liegen. Sie bezahlen den Preis dafür, daß Sie äußerst untertrainiert ins Trainingslager gekommen sind. Im Frühling, als Sie sich für das Trainingslager im Herbst angemeldet haben, waren Sie in Topform, haben aber im Sommer nichts dafür getan, um in Form zu bleiben. Den ganzen Sommer über haben Sie sich, anstatt zu trainieren, vor dem Gedanken gescheut, sich auf das Herbsttraining vorzubereiten. Als Ergebnis befinden Sie sich jetzt in einer sehr ernsten Phase körperlichen Übertrainings.

Ihr Körper läßt Sie das auf seine Weise fühlen – durch Schmerz. Die Anzeichen für körperliches Übertraining sind gewöhnlich unverkennbar. In diesem Zustand ist man außerdem besonders anfällig für Verletzungen – Krämpfe, Muskel- und Leistenzerrungen usw.

In unserem Beispiel sind Sie untertrainiert ins Trainingslager gekommen und waren folglich während Ihres Aufenthalts übertrainiert. Übertraining tritt auf, wenn Streß – physisch, mental oder emotional – über ein Ihnen erträgliches Maß hinausgeht. Diese Grenze nennt man Adaptationsschwelle. Untertraining tritt auf, wenn das Ausmaß an Streß nicht ausreicht, um das erwünschte Niveau zu erreichen. Wie Sie zweifellos selbst entdeckt haben, bestehen die Konsequenzen eines Überschreitens der Adaptationsgrenze aus Schmerz.

Über- und Untertraining stellen eigentlich die Extreme desselben Streßkontinuums dar. Wie Abbildung 3 zeigt, ist Übertraining zu viel Streß, Untertraining zu wenig. Beides sind Zustände der Unausgeglichenheit und wirken sich stark auf die Leistung aus.

Man kann Über- und Untertraining auch über den Begriff der Erholung definieren. Untertraining bedeutet zu viel, Übertraining nicht genügend Erholung (siehe Abb. 4).

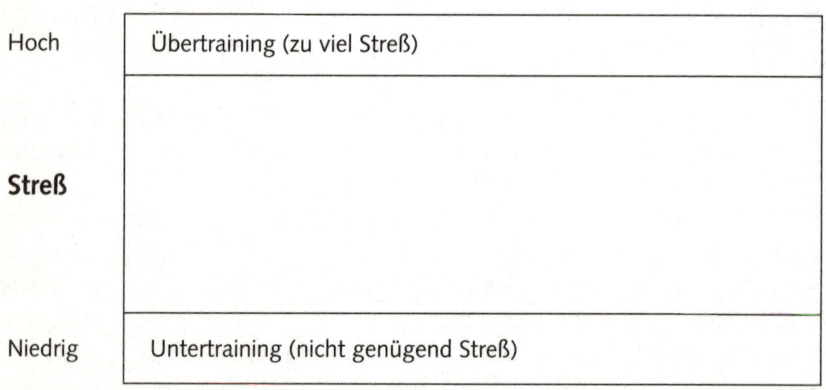

Abb. 3 Das Streßkontinuum

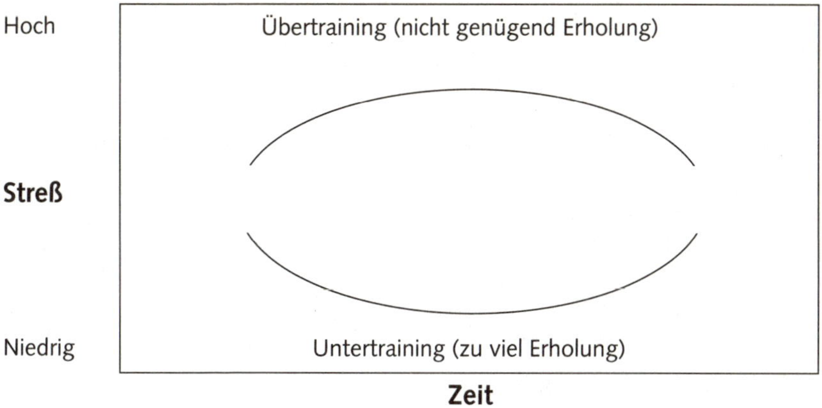

Abb. 4 Übertraining und Untertraining

Eines unserer Themen in Kapitel 7 war die Wellenerzeugung, also abwechselnde Zyklen von Streß und Erholung. Das Gegenteil von Wellenerzeugung ist Linearität. Linear zu verlaufen heißt eigentlich nichts anderes, als sich in einer geraden Linie zu bewegen.

Linearer Streß

Nachfolgend einige Beispiele für linearen Streß:

Linearer physischer Streß

- ❒ Marathonlauf
- ❒ Lange Trainingseinheiten ohne Pausen
- ❒ Alle Arten von gleichmäßigen aerobischen Übungen über einen längeren Zeitraum

Linearer emotionaler Streß

- ❒ Sorgen und Grübeln über ein Spiel oder Turnier über mehrere Stunden oder Tage ohne Ablenkung
- ❒ Ununterbrochener Erfolgsdruck von seiten der Eltern

Linearer mentaler Streß

- ❒ Ununterbrochene Konzentration über längere Zeit
- ❒ Pausenloses Nachdenken über den Sport
- ❒ Intensiver mentaler Fokus während eines Wettkampfs ohne Unterbrechung

Lineare Erholung

Einige Beispiele für lineare Erholung:

Lineare physische Erholung

- ❒ Längere Zeit herumsitzen, ohne etwas zu tun
- ❒ Sich von jeder Art körperlichen Trainings fernhalten
- ❒ Ein Arm oder ein Bein in Gips

Lineare emotionale Erholung

- ❒ Für längere Zeit alle Arten von Wettkampfstreß vermeiden
- ❒ Aus dem Team ausscheiden, weil der Trainer zu viel Druck ausübt
- ❒ Niemals emotionale Risiken eingehen

Lineare mentale Erholung

- ❐ Längere Zeit nicht an den Sport denken
- ❐ Längere Zeit nicht an den Wettkampf denken, die Gedanken wandern lassen
- ❐ Längere Zeit fernsehen

Die Folgen von Unausgeglichenheit zwischen Streß und Erholung

Zu viel Streß führt zu Übertraining und zu wenig zu Untertraining. Es mag Sie überraschen, aber beide Zustände werden durch Schmerz angezeigt. Der Grund für diese Tatsache liegt darin, daß Sie sich, wenn Sie völlig untertrainiert sind, permanent in einem Zustand des Übertrainings befinden. Der Schmerz kommt also in beiden Fällen eigentlich von einem Übertraining.

Es ist äußerst wichtig, daß Sie die Meldungen Ihres Körpers über Unter- und Übertraining erkennen und verstehen. Der Körper äußert sich immer durch Gefühle und Emotionen. Sportler, die auf die nächsthöhere Ebene physischer, mentaler und emotionaler Stärke gelangen wollen, müssen sich zusätzlichem Streß aussetzen. Die Sprache des Körpers über Streß und Erholung zu verstehen ist Voraussetzung für positives Wachstum. Die untenstehende Übersicht enthält einige der üblichen Signale für Über- und Untertraining.

Die zwei vielleicht wesentlichsten Auswirkungen von Über- und Untertraining sind erstens, daß Ihre Leistungen weit hinter Ihren Möglichkeiten zurückbleiben, und zweitens, daß Sie, anstatt stärker zunehmend schwächer werden. Sowohl Unter- als auch Übertraining resultieren in schwindender Stärke.

Nachfolgend einige weitere Punkte, über die Sie sich im klaren sein sollten:

- ❐ Übermäßiger physischer Streß führt zu mentalen und emotionalen Problemen.

Signale für Über- und Untertraining

Physisch	Emotional	Mental
• Chronische Müdigkeit • Muskelkater • Verletzungen • Chronische Krankheit • Schmerzen • Appetitlosigkeit • Schlafschwierigkeiten • Gewichtsprobleme	• Langeweile • Depressionen • Niedergeschlagenheit • Geringe Motivation • Ärger • Launenhaftigkeit • Angstzustände • Freudlosigkeit	• Verwirrung • Schlechte Konzentrationsfähigkeit • Hartnäckige mentale Fehler • Chronische mentale Müdigkeit • Irrationales Denken • Schwierigkeiten, Probleme zu lösen • Negatives Denken

- Übermäßiger emotionaler Streß führt zu mentalen und physischen Problemen.
- Geringe Motivation, fehlende Energie und Müdigkeit sind oft Abwehrmaßnahmen des Körpers, um sich vor weiterem Übertraining zu schützen.
- Depressionen, Launenhaftigkeit und negative Emotionen erfüllen den gleichen Zweck wie physische Schmerzen.
- Hartnäckige Probleme mit der Konzentration, negativem Denken und Nervosität sind oft Ausdruck von Streß/Erholung-Problemen.
- Appetitlosigkeit und Schlafschwierigkeiten sind häufig Folgen von Übertraining.

Streß, der stärker macht

Wir haben gesehen, daß zu viel Streß oder zu viel Erholung zu fortschreitender physischer, mentaler oder emotionaler Schwächung führt. Wir haben außerdem gelernt, daß physische, mentale oder emotionale Schmerzen Ausdruck von Über- und Untertraining sind. Daraus ergibt sich die Frage, wie man zwischen Streß, der stärker macht, und Streß, der schwächer macht, unterscheiden kann. Um die Antwort zu finden, müssen wir uns etwas näher mit dem Thema Streß befassen.

Wie Abbildung 5 zeigt, kann das Ausmaß an Streß in vier Kategorien unterteilt werden, die sich unterschiedlich auf den Entwicklungsprozeß von Stärke auswirken:

1. Untertraining – zu wenig Streß
2. Übertraining – zu viel Streß
3. Leistungserhaltendes Training – unzureichender Streß (mit diesem Ausmaß an Streß erhalten Sie nur Ihren gegenwärtigen Grad an Stärke aufrecht)
4. Leistungssteigerndes Training – das Ausmaß an Streß, das zu einer Zunahme an Stärke führt (als adaptiver Streß bezeichnet)

Wie wir sehen, führt von den vier Kategorien nur ein relativ schmaler Bereich an Trainingsstreß zu einer Zunahme an Stärke. In einem Bereich können Sie lediglich Ihren augenblicklichen Grad an Stärke aufrechterhalten, die beiden anderen führen zu einer Schwächung. Damit stellt sich die entscheidende Frage, wie Sie herausfinden können, ob der Trainingsstreß, den Sie – physisch, mental oder emotional – empfinden, adaptiv und damit leistungsfördernd ist, oder nicht.

Die Antwort finden Sie in Abbildung 5. Der Schlüssel liegt in der Unterscheidung zwischen Schmerz und Unbehagen. Um stärker zu werden, müssen Sie über Ihre gewohnten Grenzen hinausgehen, Ihr Reich der Behaglichkeit verlassen. Wenn Sie nur das tun, was Ihnen beim Trainieren leicht fällt, werden Sie entweder schwächer oder erhalten Ihren gegenwärtigen Grad an Stärke aufrecht. Wenn Sie weiterwachsen wollen, müssen Sie die Herausforderung, über Ihre gewohnten Grenzen hinauszugehen, annehmen. Sie dürfen dabei allerdings nicht zu weit gehen, um nicht im Bereich Übertraining zu landen. Da Sie sich jedesmal ein wenig weiter vorwärtstreiben, wird es immer unangenehm sein. Die Kurzformel lautet so:

> Kein Unbehagen – kein Stärkerwerden
> Kein Vorwärtsdrängen – kein Stärkerwerden
> Keine persönliche Konfrontation – kein Stärkerwerden

Das Ziel besteht darin, in den Bereichen, in denen Sie die größten Schwächen haben, gezielt immer neue Herausforderungen zu suchen. Indem Sie sich gezielt Streß aussetzen und sich zu neuen Grenzen vorwärtstreiben, stärken Sie sich aktiv. Wenn Sie die unerwünschten, zufälligen Streßsituationen des täglichen Lebens nutzen, um sich weiterzuentwickeln, stärken Sie sich passiv. In beiden Fällen zeugt Unbehagen von adaptivem Streß.

Wie bereits erwähnt, schafft Streß die Voraussetzungen für Wachstum. Sie wachsen während der Erholungsphase.

Hoch	Übertraining (übermäßiger Streß)
	Leistungssteigerndes Training (adaptiver Streß)
Streß	Leistungserhaltendes Training (leistungserhaltender Streß)
Niedrig	Untertraining (nicht genügend Streß)
	Zeit

Abb. 5 Unterscheidung zwischen leistungssteigerndem Streß und allen anderen Arten von Streß

Abb. 6 Die Sprache von Streß

Hoch	Übertraining (Schmerz)
	Leistungssteigernd (Unbehagen)
Streß	Leistungserhaltend (kein Schmerz)
Niedrig	Untertraining (Schmerz)
	Zeit

Wenn Sie in den schmalen Bereich leistungsfördernden Stresses kommen, entsteht ein leichtes Ungleichgewicht zwischen Streß und Erholung. Dieses kurzfristige Ungleichgewicht ist notwendig, um den Stärkeprozeß zu ermöglichen. Ein andauerndes Ungleichgewicht endet immer in Übertraining und führt zu einer Schwächung.

Das unsinnige Motto: »Wenn's nicht weh tut, bringt's nichts«

Diese Einstellung ist ein tragischer Irrweg. Sportler sollten Schmerzen – physisch, mental oder emotional – sofort erkennen und richtig einschätzen.

> Schmerz ist ein Warnsignal, aufzuhören.
> Unbehagen ist ein Signal, vorsichtig zu sein.

Es ist sehr wichtig zu verstehen, wie sich Schmerz äußert und wie er sich von dem mit leistungsförderndem Streß verbundenen Unbehagen unterscheidet. Das ist der Grund, weshalb Sportler ihrem Körper, ihrer mentalen Verfassung sowie ihren Gefühlen und Emotionen so große Aufmerksamkeit widmen müssen. Je besser ein Athlet trainiert und je feiner sein Gespür für physische, mentale und emotionale Veränderungen ist, desto wichtiger ist es, die Botschaften des Körpers bezüglich Streß und Erholung richtig zu entziffern. Erkennen Sie die Merkmale von Übertraining. Erkennen Sie, wann der Streß zu groß wird, und lernen Sie, »nein« zu sagen, wenn diese Grenze erreicht ist. Lernen Sie außerdem, das Unbehagen, das mit leistungssteigerndem Streß verbunden und typisch für ihn ist, zu erkennen und zu tolerieren.
Zwei Grundprinzipien sind für Ihr Training von entscheidender Bedeutung:

1. Folgen Sie niemals dem Motto »Wenn's nicht weh tut, bringt's nichts.«
2. Vorsicht – wenn der Spaß aufhört, ist der Schmerz wahrscheinlich nicht mehr weit.

Erinnern Sie sich außerdem daran, daß Streßzyklen, die weder von Gefühlen des Unbehagens noch des Schmerzes begleitet werden, lediglich leistungserhaltend sind. Wenn Sie nur so weit gehen, wie es Ihnen angenehm ist, werden Sie entweder schwächer, oder Sie erhalten bestenfalls Ihren gegenwärtigen Grad an Stärke aufrecht. Entscheidend ist die Fähigkeit, aufmerksam in sich hineinzuhorchen, die Signale des Körpers richtig zu interpretieren und entsprechend zu reagieren.
Erfahrene Sportler lernen, ein hohes Maß an Unbehagen zu tolerieren, und erkennen gewöhnlich, wenn die gewohnte Plackerei, die mit leistungsförderndem Streß einhergeht, vorbei und die Schmerzgrenze erreicht ist. Was für den einen bereits Schmerz ist, ist für den anderen vielleicht nur Unbehagen. Der entscheidende Faktor ist, daß Sie Ihren Körper kennen, daß Sie empfänglich bleiben für die Signale, die er aussendet, daß Sie sie richtig deuten und entsprechend handeln.

Wo liegt der ideale Leistungszustand?

Die Frage, an welcher Stelle des Streßkontinuums sich Ihr idealer Leistungszustand befindet, ist von größter Bedeutung. Erinnern Sie sich, wie Sie sich fühlen, wenn Sie Ihre Bestleistung erbringen. Fühlen Sie Schmerzen? Mit Sicherheit nicht. Spüren Sie ein Unbehagen? Kaum. Wenn Athleten zu Höchstform auflaufen, berichten sie über Gefühle von Mühelosigkeit, Herausforderung und Spaß. Sie haben nicht das Gefühl, ihre Grenzen zu überschreiten, obwohl sie manchmal weit über ihrem üblichen Leistungsniveau spielen. Laut Berichten über Spitzenleistungen stellt sich der ideale Leistungszustand an der Obergrenze des Bereiches ein, den wir als leistungserhaltenden Streß bezeichnen (siehe Abbildung 7).

Abb. 7 Der ideale Leistungszustand auf dem Streßkontinuum

Hoch	Übertraining (Schmerz)
	Leistungssteigerndes Training (Unbehagen)
Streß	ILZ (Herausforderung, Spaß, Höchstleistung)
	Leistungserhaltendes Training (normale Streßsignale)
Niedrig	Untertraining (Schmerz)

Zeit

Wie viel Streß ist genug?

Nehmen wir an, Sie können problemlos 100 Einheiten an physischem, mentalem und emotionalem Streß bewältigen. Nehmen wir weiterhin an, daß Sie nicht mehr als 90 Einheiten an Streß benötigen, um auf Ihrem gegenwärtigen Leistungsstand zu bleiben. Unter diesen Voraussetzungen verfügen Sie theoretisch über genügend Leistungsstärke. Um Ihre Ziele zu erreichen, müssen Sie sich nur kontinuierlich einem Minimum von 100 Einheiten an Streß aussetzen.

Doch was ist, wenn Sie sich weiter verbessern, zum Beispiel die Meile in 3:59 statt in 4:10, oder einen Marathon in $2^{h}20$ statt in $2^{h}45$ laufen wollen? Wenn Sie diese Leistungssteigerung mit Ihrer gegenwärtigen Leistungsstärke erzielen wollen, wird der Schmerz einfach zu groß. Der Schmerz erfüllt einen Zweck: Er läßt Sie wissen, daß Sie nicht leistungsstark genug sind und daß Sie mehr Trainingsstreß benötigen.

Um Ihre neuen Ziele erreichen zu können, müssen Sie nach und nach Ihren Trainingsstreß auf 110 oder 120 Einheiten ausbauen.

Welche Folgen hat es, wenn Sie Ihren Trainingsstreß auf 50 Einheiten reduzieren, nachdem Sie mehrere Wochen lang 100 Einheiten bewältigt haben? Ihre Fähigkeit, Streß auszuhalten, wird nach kurzer Zeit auf 50 Einheiten zurückgehen.

Wenn Ihre Sportart im Durchschnitt 90 Einheiten erfordert und Sie nicht mehr als 50 Einheiten trainieren, sind die Folgen völlig klar: Sie erreichen nie Ihren idealen Leistungszustand, Sie erbringen keine Spitzenleistungen, Sie stellen keine Rekorde auf – weder persönliche noch andere. Was Sie statt dessen wahrscheinlich erwartet, sind Zusammenbrüche, Unbehagen, Schmerz und vielleicht sogar Verletzungen.

Wenn Sie andererseits sehr leistungsstark sind, müssen Sie sich konstant einem hohen Maß an Streß aussetzen, da Sie sonst Ihre außergewöhnliche Fähigkeit, im Wettkampf zu bestehen, verlieren. Wenn Sie einmal einen hohen Grad an physischer, mentaler und emotionaler Stärke erreicht haben, müssen Sie pausenlos daran arbeiten, dieses Niveau zu erhalten, sonst sinkt es ab. Denken Sie stets daran:

Leistungsstärke ist nicht Ankunft an einem Ziel, sondern eine Reise ohne Ende.

Zusammenfassung

Ohne Streß ist es unmöglich, Ihre Ziele als Sportler zu erreichen. Wenn Sie Ihr Potential voll ausschöpfen wollen, müssen Sie das richtige Maß an Streß – nicht zu viel und nicht zu wenig – herausfinden. Es ist von entscheidender Bedeutung für jeden Sportler, zu lernen, zwischen leistungssteigerndem (adaptivem) Streß und Streß, der schadet, zu unterscheiden. Die Bedeutung von Schmerz, die Rolle von Unbehagen und die Überlegung, daß Sport Spaß machen soll, müssen beim Trainingsaufbau berücksichtigt werden. Die Regel »Wenn's nicht weh tut, bringt's nichts« hat in einem vernünftigen Trainingsplan nichts zu suchen.

Um leistungsstärker zu werden, müssen Sie zu neuen Grenzen aufbrechen. Aber Vorsicht: Schmerzen sind ein Signal dafür, daß Sie mit Ihrem Training zu weit gegangen sind. Die Folgen von Über- und Untertraining zu vermeiden ist nicht nur eine Reise ohne Ende, sondern auch eine der größten Herausforderungen im Sport.

9.

Auch Erholen will gelernt sein

Wir wissen alle, was es bedeutet, Streß zu trainieren. Das ist genau der Punkt, um den es beim sportlichen Training geht. Die Verabreichung wohldosierter Streßeinheiten führt zu Weiterentwicklung und Wachstum – der Sportler wird schneller, stärker und leistungsfähiger. Das Konzept, Erholung zu trainieren, ist hingegen den meisten Sportlern noch unbekannt.

Nachdem ich einige sehr erfolgreiche Tennisspieler intensiv beobachtet hatte, wurde mir klar, daß die Fähigkeit, sich zu erholen, einer der entscheidenden Faktoren ist, in denen sich Spieler, die häufig gewinnen, von solchen, die konstant verlieren, unterscheiden.

Durch die Beobachtung des Verhaltens, *während* ein Punkt ausgespielt wurde, erhielt ich kaum Aufschlüsse über den entscheidenden Unterschied zwischen großen Wettkämpfern, also solchen, die mental stark, und solchen, die es nicht waren. Die Erleuchtung kam mir erst, als ich anfing, die Zeit *zwischen* den einzelnen Punkten genauer unter die Lupe zu nehmen.

Es dauerte jedoch lange und bedurfte intensiver Beschäftigung mit dieser Zeit zwischen den Punkten, bevor sich die wesentlichen Unterschiede herauskristallisierten und klar wurden. Langsam begann ich zu verstehen, daß diese Phasen, in denen nicht gespielt wurde, für herausragende Wettkämpfer eine ganz besondere Gelegenheit darstellten, sich zu erholen. Schwache Wettkämpfer hingegen ließen diese Gelegenheit oft ungenützt verstreichen.

Ich fand heraus, daß erfolgreiche Tennisspieler zwischen den Punkten vier ganz bestimmte Phasen durchlaufen, die als Sequenz antrainiert waren und der Erholung dienten. Darauf möchte ich im folgenden näher eingehen,

Phase 1: Die positive physische Reaktion

Herausragende Spieler zeigen, sobald ein Punkt ausgespielt ist, eine starke physische Präsenz. Nach einem Fehler übermitteln sie durch Körpersprache die Botschaft »Kein Problem«. Viele von ihnen haben die Mimik und Haltung eines Soldaten in der Schlacht – furchtlos, kontrolliert, unbeeindruckt von den widrigen Umständen.

Ich begann zu verstehen, daß diese positive Reaktion ein erlerntes Verhaltensmuster war, das dem Zweck dient, zu vermeiden, daß negative Gedanken aufkommen und die 25 Sekunden dauernde Gelegenheit zur Erholung vergeudet wird. Diese Phase positiver physischer Reaktion – wie wir sie schließlich genannt haben – ist der Ausgangspunkt dafür, das Wettkampf-Ich neu zu aktivieren.

Anstatt sich so zu geben, wie sie sich nach einem ausgespielten Punkt tatsächlich fühlen – müde, entrüstet, wütend oder enttäuscht –, beginnen herausragende Spieler sofort, sich so zu verhalten, daß der Fluß positiver Emotionen während der Erholungsphase gefördert wird. Im Vergleich dazu sind schwache Wettkämpfer weit weniger geschickt, wenn es darum geht, sich in dieser Phase an das ILZ-Skript zu halten. Viele von ihnen waren einfach schlechte Schauspieler, was zur Folge hatte, daß der Streßzyklus über die gesamte 25 Sekunden Pause erhalten blieb. Je länger diese Phasen schlechter Schauspielerei anhalten, desto größer ist die Wahrscheinlichkeit für eine lineare Streßentwicklung im Match.

Ich war fasziniert von der Entdeckung, daß Topspieler äußerst geschickt darin sind, Wellen zu erzeugen, d.h. den Wechsel zwischen Spannung und Entspannung zu steuern, wenn sie unter Druck stehen. Der Pulsschlag steigt an, während ein Punkt ausgespielt wird, und geht zwischen den Punkten um bis zu zwanzig Schläge zurück. Diese nichtlineare, wellenförmige Interaktion zwischen Streß und Erholung hat zweifellos Auswirkungen auf die Leistung. Nach genauer Auswertung und Analyse der Daten wurde offensichtlich, daß Spieler, die sich in dieser Phase als die geschicktesten Schauspieler erwiesen, auch die besten Wettkämpfer waren, da sie es am besten verstanden, diese Wellenbewegung zu kontrollieren.

Obwohl diese positive physische Reaktionsphase nur drei bis fünf Sekunden dauert, reicht diese Zeit aus, um ermutigende Botschaften an das Real-Ich zu senden, daß alles unter Kontrolle ist. Kein Grund zur Panik, kein Grund, vor Wut auszuflippen.

Die Untersuchungen ergaben ein klares Verhaltensmuster: Schultern zurück, Kopf erhoben, federnder, zuversichtlicher Gang, Arme und Hände entspannt. Der erhobene Schlägerkopf nach einem entscheidenden Fehler bedeutete zwei Dinge: 1) leistungshemmende Gefühle, wie Hilflosigkeit, Zweifel und Angst kommen nicht zum Ausdruck, und 2) der Spieler kann die Gelegenheit zur Erholung zwischen den Punkten voll nutzen und dadurch den Streßzyklus vorübergehend unterbrechen.

Geschicktes Schauspielern in dieser Phase ebnete den Weg für die Erholung in der nächsten Phase.

Phase 2: Die Entspannungsreaktion

Diese Phase dauert gewöhnlich sechs bis zwanzig Sekunden. In dieser Zeit geht der Pulsschlag zurück, der Blutdruck sinkt, Muskelspannung und Hirnaktivität (EEG) lassen nach, und die Atmung beruhigt sich.

Phase 3 und 4: Vorbereitung und Rituale

Die beiden letzten Stadien in der Zeit zwischen den Punkten werden Vorbereitungsphase und Phase der Rituale genannt. Nachdem ein Spieler seine physiologischen Reaktionen stabilisiert und sich ausreichend erholt hat, ist sein Kopf frei, um konzentriert den nächsten Punkt zu spielen und eine Strategie zu planen. Ohne ausreichende Erholung ist hingegen das gesamte Match gefährdet.

Keine Erholung – keine Wellen – kein Wachstum

Ohne Erholung bleibt nur der Streß. Der Streß wächst linear, konstant und unerbittlich an. Linearer Streß bedeutet schließlich Übertraining, zunehmende Schwäche und schlechte Leistung. Im Grunde ist Erholung das Fundament für Leistungsstärke. Abbildung 8 zeigt die grundlegende Bedeutung von Erholung für die Entwicklung von Leistungsstärke.

Man muß sich vor Augen halten, daß es nur äußerst selten das Ausmaß an Streß ist, das uns in die Knie zwingt. Der

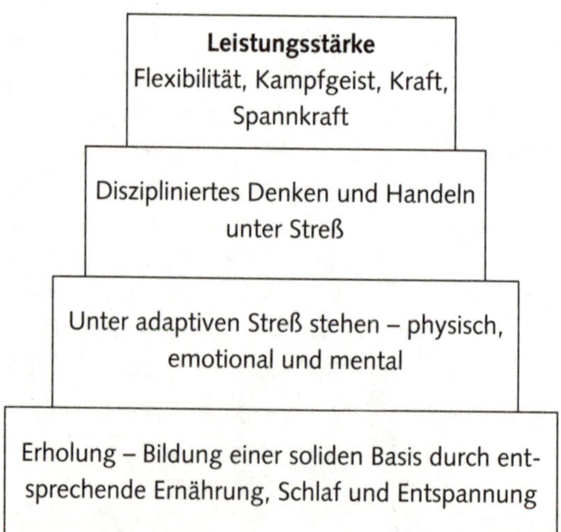

Abb. 8 Die Bausteine für Leistungsstärke

Grund für Niederlagen liegt weit häufiger in der mangelnden Fähigkeit, sich nach Streß zu erholen. Intensiver Streß erfordert einfach intensive Erholung. Ihr Ziel auf dem Weg zu größerer Leistungsstärke ist deshalb, die Fähigkeit zu erwerben, auf mächtige Wellenspitzen von Streß gleichermaßen mächtige Wellentäler der Erholung folgen zu lassen. Daraus ergibt sich ein wichtiges Prinzip für unser Trainingsprogramm:

> Arbeite intensiv.
> Erhole dich genauso intensiv.

Deshalb sollte im Training genauso viel Wert auf Erholung wie auf Streß gelegt werden. Doch leider ist das nur selten der Fall.

Das Trainieren von Erholungsmechanismen

Rufen wir uns noch einmal ins Gedächtnis, was wir unter Erholung verstehen. Einfach ausgedrückt ist Erholung alles, was dazu dient, Energie wiederaufzunehmen. Da der Körper seine Bedürfnisse nach Erholung durch Gefühle und Emotionen ausdrückt – z. B. »Ich habe Hunger«, »Ich fühle mich erschöpft«, »Ich fühle mich einsam« –, ist es sehr wichtig, auf diese Gefühle zu reagieren. Die Befriedigung von Bedürfnissen, die man fühlt, ist eigentlich Erholung. Man muß sich auch darüber im klaren sein, daß Erholung, genau wie Streß, sowohl im physischen wie im mentalen und im emotionalen Bereich auftritt. Außerdem laufen in der Erholungsphase die Wachstums- und Heilungsprozesse ab.

Um Erholungsmechanismen zu trainieren, muß man zunächst lernen zu erkennen, wann man sich in einer Erholungsphase befindet. In Kapitel 7 sind die häufigsten Anzeichen physischer Erholung beschrieben: reduzierte Gefühle von Hunger, Durst, Müdigkeit, Anspannung; verlangsamte Puls- und Atemfrequenz, Absinken von Blutdruck, Muskelspannung und Hirnaktivität. Die üblichsten Begleiterscheinungen emotionaler Erholung sind Gefühle emotionaler Erleichterung, verstärkte Gefühle von Spaß, Freude, Humor und Glück; verminderte negative Gefühle von Wut, Angst und Frustration; verstärkte Gefühle von Sicherheit und Geborgenheit, Selbstrespekt, Zuwendung und persönlicher Erfüllung. Die häufigsten Anzeichen für mentale Erholung sind Gefühle mentaler Erleichterung, verstärkte Gefühle innerer Ruhe und Ausgeglichenheit, die Empfindung, sich mental treiben zu lassen, und verstärkte Gefühle von Phantasie, Kreativität und bildhaftem Vorstellungsvermögen.

Jetzt kennen Sie also die Anzeichen für Erholung. Doch wie stellen Sie es an, diese Erholungsmechanismen tatsächlich zu trainieren und in Ihren Alltag zu integrieren? Ich habe das Training in fünf Kategorien unterteilt:

1. Schlaf/Nickerchen
2. Ernährung
3. Aktive und passive Ruhepausen
4. Gelegenheiten zur Erholung nützen
5. Emotionale Katharsis

Schlaf/Nickerchen

Neben der Nahrungs- und Flüssigkeitszufuhr nimmt Schlaf die höchste Stellung unter den Erholungsaktivitäten ein. Falsche Schlafgewohnheiten können den Entwicklungsprozeß zu höherer Leistung völlig zum Stillstand bringen. Dabei ist sowohl zu viel Schlaf (exzessive Erholung) als auch zu wenig Schlaf (ungenügende Erholung) problematisch. Nachstehend finden Sie die wichtigsten Tips unseres Trainingsprogramms über Schlaf:

- ❒ Schlafen Sie jede Nacht acht bis zehn Stunden.
- ❒ Weichen Sie nicht mehr als 30 Minuten von den Zeiten ab, zu denen Sie normalerweise ins Bett gehen bzw. aufstehen.
- ❒ Versuchen Sie, so oft wie möglich früh ins Bett zu gehen und früh aufzustehen. Bemühen Sie sich, Ihre biologische Uhr so einzustellen, daß Sie zum Frühaufsteher anstatt zur Nachteule werden.
- ❒ Lernen Sie, kurze Nickerchen (10 bis 50 Minuten) zu machen und danach völlig erfrischt und energiegeladen wieder aufzuwachen. Ein Mittagsschläfchen von nur 10 Minuten kann eine nicht zu unterschätzende Erholung bedeuten, besonders wenn es mit dem natürlichen Bedürfnis des Körpers nach Ruhe in Einklang steht.
- ❒ Machen Sie täglich, vor allem wenn Sie starkem Streß ausgesetzt sind, Aufzeichnungen über die Quantität und Qualität Ihres Schlafs.

Ernährung

Die Zufuhr ausreichender Mengen von Flüssigkeit und nahrhaftem Essen ist eine Erholungsaktivität von höchster Priorität. Wenn Bedürfnisse nach Flüssigkeit und Nahrung nicht befriedigt werden, steigt schließlich jeder Streß ins Unerträgliche, und alle anderen wichtigen Streßmechanismen sind wirkungslos. Nachstehend finden Sie die in diesem Zusammenhang wichtigsten Anregungen:

- ❒ Nehmen Sie nach einem festgelegten Plan Nahrung und Flüssigkeit zu sich. Dies ist eine entscheidende Komponente Ihres Gesamttrainingsplans als Sportler.
- ❒ Nehmen Sie immer ein nahrhaftes Frühstück zu sich.
- ❒ Versuchen Sie, zur Stabilisierung Ihres Gewichts so viele Kalorien zu sich zu nehmen, wie Sie verbrauchen. Ein Sportler braucht möglicherweise pro Tag mehr als 4000 Kalorien und, bei hohen Temperaturen, bis zu 9 Liter Flüssigkeit.
- ❒ Essen und trinken Sie möglichst alle zwei Stunden.
- ❒ Nehmen Sie vier bis sechs leichte Mahlzeiten pro Tag zu sich. Häufige kleine Mahlzeiten tragen dazu bei, den Blutzucker zu stabilisieren, und geben Ihnen mehr und länger anhaltende Energie.
- ❒ Essen Sie zu einem möglichst frühen Zeitpunkt anstatt spät am Abend. Mahlzeiten nach 20:30 Uhr sind schädlich, wenn Sie um 22:30 oder 23:00 Uhr bereits schlafen wollen.

- Nehmen Sie während Wettkämpfen, die länger als neunzig Minuten dauern und große Ausdauer erfordern, Sportgetränke zu sich, die flüssige Kohlenhydrate enthalten.
- Trinken Sie mindestens acht Gläser Wasser pro Tag.
- Beschränken Sie sich auf Nahrungsmittel, die einen geringen Fettgehalt haben und reich an Kohlenhydraten sind. Mindestens 60 Prozent Ihres täglichen Kalorienhaushalts sollten durch Kohlenhydrate gedeckt werden, nicht mehr als 20 Prozent durch Fett, und 10 bis 15 Prozent durch Protein.
- Ernähren Sie sich so abwechslungsreich wie möglich. Geben Sie dabei solchen Nahrungsmitteln den Vorzug, die natürlich, frisch und frei von Konservierungsstoffen und chemischen Zusätzen sind. Auf diese Weise können Sie alle ernährungsbedingten Bedürfnisse am besten befriedigen.
- Meiden Sie, besonders vor Wettkämpfen, Produkte mit hohem Zuckergehalt. Zucker läßt den Blutzucker jäh ansteigen. Darauf folgt ein enormer Insulinausstoß, durch den Ihr Blutzucker so weit gesenkt werden kann, daß eine gute Leistung unmöglich wird.
- Nehmen Sie innerhalb von zwei Stunden nach einem anstrengenden Training oder Wettkampf kohlenhydratreiche Nahrungsmittel oder Getränke zu sich. In dieser Zeit von etwa zwei Stunden ist der Erholungseffekt, der durch die Zufuhr von Kohlenhydraten erreicht wird, optimal. Es ist äußerst wichtig für die Erholung, die verbrauchten Stoffe in den Muskeln gleich wieder zu ersetzen.

Ernährungstips

Essen Sie mehr:

- Obst
- Gemüse, besonders grüne blättrige Arten
- Salate, Pasta, Reis, Vollkornbrot, Hafermehl und Cereals ohne Zuckerzusatz
- Das Weiße von Eiern, naturbelassenen Joghurt, Truthahn und Huhn
- Gegrilltes Fleisch und Gemüse
- Trinken Sie Fruchtsäfte und Wasser

Essen Sie weniger:

- Gebratenes Fleisch
- Rotes Fleisch, egal wie es zubereitet ist
- Gebratenes Gemüse
- Butter, Margarine, Mayonnaise
- Cremige, kalorienhaltige Salatdressings
- Eidotter, Speiseeis, Kuchen, Gebäck, Süßigkeiten
- Nehmen Sie weniger Limonaden und alkoholische Getränke zu sich

Aktive und passive Ruhepausen

Die Unterscheidung zwischen aktiver und passiver Erholung basiert auf der Tatsache, daß Erholung von Streß sowohl durch Bewegung als auch durch körperliche Ruhe erreicht werden kann.

Aktive Erholung umfaßt leichte körperliche Aktivitäten, durch die die Zyklen von physischem, emotionalem und mentalem Streß unterbrochen werden. Für einen Tennisspieler bedeutet aktive Erholung eventuell, Golf oder Frisbee zu spielen. Für einen Schwimmer ist es vielleicht Radfahren, Tennis oder leichtes Jogging. Jede Art von körperlicher Betätigung, die den Zyklus physischen, emotionalen oder mentalen Stresses unterbricht, ist eine Form aktiver Erholung. Hier sind einige weitere Beispiele:

- Spazierengehen
- Yoga
- Stretching
- Tai Chi
- Angeln
- Nicht wettkampfmäßig betriebenes, leichtes Schwimmen, Wandern, Ballspielen

Bei *passiver Erholung* werden Streßzyklen durchbrochen, ohne daß man sich körperlich betätigt. Den Sonnenuntergang zu betrachten, Musik zu genießen, oder einfach alle Viere von sich zu strecken, sind Formen passiver Erholung. Weitere Beispiele sind:

- Lachen
- Meditieren
- Filme im Fernsehen oder im Kino anzusehen
- Sich massieren zu lassen
- Lesen
- Entspannung durch Atmung
- Ein Mittagsschläfchen zu halten
- Im Whirlpool zu sitzen

Wenn diese oder ähnliche Aktivitäten bewußt zu dem Zweck der Erholung ausgeführt werden, sind sie Formen eines Erholungstrainings.

Gelegenheiten zur Erholung nützen

In jeder Sportart gibt es ein bestimmtes, typisches Verhältnis zwischen Arbeit und Erholung. Im Tennis liegt es etwa bei 1 zu 2: zehn Sekunden Streß, während der Punkt ausgespielt wird, gegenüber zwanzig Sekunden Erholung zwischen den Punkten. Bei Golf ist das Verhältnis dagegen meist höher als 1 zu 20, da sehr viel Zeit zwischen den einzelnen Schlägen liegt. Sogar der mörderische American Football bietet viele Gelegenheiten zur Erholung: Huddles, Spielunterbrechungen, Halbzeitpausen, Auswechslungen usw.

Ein wesentlicher Aspekt des Erholungstrainings besteht darin, die eigene Fähigkeit zu verbessern, die Möglichkeiten optimal zu nutzen, die während eines Wettkampfs in Ihrer Sportart bestehen. Tennisspieler, die zwischen den Punkten an ihrer Haltung, Atmung, ihren Denkmustern und Ritualen arbeiten, trainieren Erholung. Auch die strategische Planung, was man während eines Wettbewerbs zu sich nimmt, fällt in diese Kategorie. Schlechte Wettkämpfer schaffen es einfach nicht, die Möglichkeiten zur Erholung, die ihnen ihre Sportart bietet, voll auszuschöpfen. Sie erkennen außerdem nicht, wie das Trainieren von Erholungsmechanismen während des Spiels und Erfolg im Wettkampf zusammenhängen.

Natürlich ist es in diesem Zusammenhang auch wichtig, die Zeit zwischen den Wettkämpfen und zwischen den Trainingstagen besser zu nutzen. Wie und mit wem Sie diese Zeit verbringen, kann dafür ausschlaggebend sein, wie gut Sie intensiven Wettkampfstreß bewältigen. Achten Sie darauf, daß Sie auf Reisen immer Ihren Walkman und Ihre Lieblingskassetten dabei haben, daß Sie lernen, im Flugzeug und im Bus zu schlafen, und daß Sie immer nahrhaften Reiseproviant mitnehmen. Diese Dinge können in Situationen, in denen es darauf ankommt, daß Sie Ihr Bestes geben, ausschlaggebend für Erfolg oder Mißerfolg sein. Richten Sie sich nach dem Motto:

> Carpe diem –
> Nütze den Tag!

Ergreifen Sie in intensiven Streßphasen jede sich bietende Gelegenheit zur Erholung. Wie bei vielen anderen Voraussetzungen dafür, im Wettbewerb erfolgreich zu sein, kommt es auch bei diesem Aspekt in erster Linie auf Voraussicht und gute Vorbereitung an.

Emotionale Katharsis

Zwei der bewährtesten Methoden, sich emotional von Enttäuschungen, Fehlern und verpaßten Gelegenheiten zu erholen, bestehen darin, mit einer Person des Vertrauens über die eigenen Gefühle zu reden oder seine Gedanken aufzuschreiben. Es steht einer vollständigen Wiedergenesung nur im Weg und setzt den Zyklus emotionalen Stresses fort, wenn Sie den Schmerz völlig zu verdrängen suchen und die Gefühle Ihres Real-Ichs verleugnen. Je seltener Sie Ihren wahren Gefühlen und Emotionen erlauben, zum Ausdruck zu kommen, desto weniger emotionale Flexibilität und Belastbarkeit werden Sie künftig in Streßsituationen an den Tag legen.

Natürlich werden im Spiel negative Gefühle und Emotionen gewöhnlich vom Wettkampf-Ich blockiert, doch in der Zeit, in der kein Leistungsdruck besteht, sollten die Bedürfnisse des Real-Ichs ganz klar im Vordergrund stehen.

> Streß ist der Stimulus für Wachstum.
> Erholung ist die Zeit dafür.

Zusammenfassung

Im Training sollte sorgfältig darauf geachtet werden, daß neben Streß auch Phasen der Erholung geboten werden. Es ist äußerst wichtig, die Bedeutung der Erholung für den Erfolg im Wettkampf zu verstehen. Für das Erholungstraining muß man lediglich die Anzeichen für physische, mentale und emotionale Erholung erkennen lernen, und die Gelegenheiten, die sich während und zwischen den Wettkämpfen bieten, nutzen.

Vergessen wir nicht, daß uns die mangelnde Fähigkeit, sich nach dem Streß des Wettbewerbs zu erholen, mehr zu schaffen macht als das eigentliche Ausmaß an Streß. Anders ausgedrückt entscheidet häufig Ihre Fähigkeit, sich physisch, mental und emotional zu erholen, über Sieg oder Niederlage.

Als Sportler versäumen wir oft, auf die Hilferufe unseres Körpers nach Erholung zu achten. Wir erkennen außerdem nicht, daß es überall Gelegenheiten zur Erholung gibt. Um leistungsfähiger zu werden, müssen Sie täglich daran arbeiten, Ihre Fähigkeit zur und Ihr Verständnis von Erholung zu verbessern.

10.

Die Bedeutung der echten Bedürfnisse

Das Real-Ich äußert sich durch Gefühle und Emotionen. Hauptsächlich durch sie werden die physischen, mentalen und emotionalen Bedürfnisse des Körpers befriedigt. Der Körper teilt seine Bedürfnisse ständig mit. Gefühle zu verdrängen bedeutet, die Rückkopplungsmechanismen zu blockieren, durch die wir einen Ausgleich zwischen Streß und Erholung schaffen können.

Wenn die echten Bedürfnisse des Real-Ichs nicht ausreichend befriedigt worden sind, ist es einfach nicht in der Lage, das Wettkampf-Ich in seinen idealen Leistungszustand zu versetzen. Im Extremfall ist sogar eine mittelmäßige Leistung unerreichbar. Stellen Sie sich vor, ein durchtrainierter Marathonläufer geht nach einigen Tagen des Fastens an den Start. Trotz möglicherweise ausgeprägter mentaler Stärke hat er nicht nur alle Chancen auf den Sieg bereits verspielt, sondern wird das Rennen wahrscheinlich gar nicht durchstehen können.

Auch schwächere unbefriedigte Bedürfnisse können das Leistungspotential stark beeinträchtigen: Durst, Hunger, unausgewogener Blutzucker oder ein Schlafdefizit können – allein oder in verschiedenen Kombinationen – das Erreichen des idealen Leistungszustands verhindern.

Unbefriedigte emotionale Bedürfnisse können ähnlich verheerende Auswirkungen haben. Wir werden uns in diesem Kapitel mit den folgenden Fragen beschäftigen:

1. Welche Formen der Bedürfnisbefriedigung sind für Sportler am wichtigsten?
2. Welche Beziehung besteht zwischen Erholung und Bedürfnisbefriedigung?
3. Warum ist es nicht empfehlenswert, immer positiv zu sein?
4. Was bedeutet negative Erregung, und wie sollten Sportler auf negative Gefühle reagieren?

5. Wie können Sportler ihre Bedürfnisse befriedigen, wenn sie ihre echten Gefühle ständig unterdrücken?
6. Wie können Sportler wichtige von unbedeutenden Bedürfnissen unterscheiden?

Die beste Methode, diese und ähnliche Fragen zu beantworten, besteht darin, die Information in spezifische Grundregeln zu fassen. Fangen wir also an.

Regel 1: Positiv zu sein ist der Normalzustand

Ein positiver emotionaler Zustand ist die Norm für einen Sportler, dessen Bedürfnisse ausreichend befriedigt sind. Negative Gefühle und Emotionen signalisieren unbefriedigte Bedürfnisse irgendeiner Art. Deshalb drücken positive Gefühle ein Gleichgewicht zwischen Streß und Erholung aus, während negative Gefühle Anzeichen für ein Ungleichgewicht sind.

Gesunde, ausgeglichene Sportler sind meistens positiv und haben erkannt, daß sie am leistungsfähigsten sind, wenn sie sich ihren Bedürfnissen aus einer positiven Grundhaltung heraus widmen.

Die Bedürfnisse von Sportlern, die hingegen immer positiv sind, können nicht erfüllt werden, da negative Gefühle ständig unterdrückt werden.

Regel 2: Emotionen sind die Augen und Ohren des Körpers

Die mit Emotionen verbundenen chemischen Vorgänge sind Boten. Sie sind die internen Instrumentenanzeigen des Körpers. Emotionen sind eigentlich Daten der Flugsicherung, die Sie, wenn sie richtig interpretiert werden, zuverlässig durchs Leben und durch sportliche Wettkämpfe führen werden.

Sportler, die ihre Emotionen ignorieren, sind unausgeglichen und bleiben immer wieder unter ihrem Leistungspotential.

Regel 3: Die Bedeutung einer Emotion zu erkennen ist eine Fertigkeit, die erlernt werden muß

Dies ist oft schwierig, denn Gefühle und Emotionen wirken auf den ersten Blick häufig grotesk, irrational und unverständlich. So schwierig es auch sein mag zu lernen, die Bedeutungen von Emotionen zu entschlüsseln, ist es doch die Grundlage dafür, sich selbst zu verstehen. Gesunde Sportler haben gelernt, den Nebelschleier zu durchdringen und negative Gefühle zu ihrem Ursprung zurückzuverfolgen. Nur dann können sie in angemessener Weise auf ihre unerfüllten Bedürfnisse eingehen. Gefühle bis zu ihrem Ursprung zurückzuverfolgen gleicht der Arbeit eines Detektivs. Manchmal ist die Lösung offensichtlich, doch in anderen Fällen ist beharrliches Suchen und Nachforschen notwendig, um auf die richtige Antwort zu stoßen.

Regel 4: Die Erfüllung von Bedürfnissen schafft Erholung

Wie wir aus vorhergehenden Kapiteln wissen, bedeuten unbefriedigte Bedürfnisse Streß, während die Erfüllung von Bedürfnissen Erholung darstellt. Schwache Sportler versäumen es wiederholt, wichtige Bedürfnisse zu erfüllen, und stehen deshalb permanent unter dem Streß chronischen Übertrainings. Chronischer Streß führt unweigerlich zu einer chronischen negativen Einstellung, einem emotionalen Zustand, der die Schwierigkeiten, Gefühle richtig zu deuten, ins Vielfache steigert. Die Bedürfnisse, die sich hinter chronischem Negativismus verbergen, zu verstehen, ist oft eine schier unlösbare Aufgabe.

Schwache Sportler sind dauernd dabei, Dinge zu tun, die vorübergehend Erholung schaffen, kümmern sich jedoch nicht um ihre echten Bedürfnisse. Beispiele dafür sind die Flucht in Alkohol oder Drogen, um emotionalen Streß zu lösen, oder unmäßiges Essen, um Bedürfnisse nach Liebe und Zuneigung zu erfüllen.

Regel 5: Gleichgewicht durch Zuhören und entsprechendes Reagieren

Gesunde, leistungsstarke Sportler kennen ihre echten Bedürfnisse und sorgen durch entsprechende Reaktionen dafür, daß sie möglichst umgehend erfüllt werden. Vor dem Hintergrund eines überwiegend positiven mentalen Zustands dürfen sich negative Gefühle und Emotionen manifestieren und werden umgehend zu ihrem Ursprung zurückverfolgt. Hier sind zwei Beispiele:

- »Ich bin müde und gereizt – wahrscheinlich ist mein Blutzucker zu niedrig. Ich werde etwas essen und fünfzehn Minuten Pause machen.«
- »Ich bin verärgert und aufgebracht, wahrscheinlich weil ich zu wenig Selbstachtung habe. Was ich wirklich brauche, ist mehr Respekt und Aufmerksamkeit von meinem Trainer. Ich werde ein Treffen mit ihm vereinbaren und darüber reden.«

Regel 6: Negative Emotionen erfüllen einen Zweck

Die fortgesetzte Unterdrückung negativer Emotionen garantiert praktisch, daß Bedürfnisse unerfüllt bleiben. Diese Tatsache läßt sich gut durch ein klingelndes Telefon veranschaulichen. Ein Bedürfnis wird immer stärker, bis es in unser Bewußtsein vordringt – wie das Klingeln eines Telefons schließlich unsere Aufmerksamkeit erregt. Das Klingeln stellt in unserem Vergleich das negative Gefühl dar. Mit zunehmender Dauer wird es immer schwieriger, ein Bedürfnis zu ignorieren – bis Sie endlich den Hörer abnehmen und das Bedürfnis befriedigen.

Hunger ist ein gutes Beispiel dafür. Wenn Sie durch Abnehmen des Hörers angemessen reagieren, hört das Klingeln auf. Solange Sie nicht essen, klingelt das

Telefon weiter, und es wird immer schwieriger, das Geräusch zu ignorieren. Am Ende geht Ihnen das Klingeln so auf die Nerven, daß Sie entweder das Telefon abschalten oder das Bedürfnis befriedigen.

Negative Gefühle völlig auszuschalten ist etwa so, wie die Armaturen eines Rennwagens abzudecken. Sie haben keine Möglichkeit mehr, zu kontrollieren, was in dem Auto vor sich geht.

Leistungsschwache Sportler reagieren folgendermaßen auf negative Emotionen:

1. Sie leugnen einfach die Existenz der Emotion und beharren auf ihrer positiven Haltung. Sie klemmen einfach das Telefon ab.
2. Sie sprechen offen über die negative Emotion, die sich gerade bemerkbar macht, jedoch ohne über die tieferliegenden Gründe nachzudenken. Sie hören das Klingeln des Telefons und jammern über das störende Geräusch.
3. Sie versuchen auf alle möglichen Arten, sich für kurze Zeit Erholung von dem Geräusch zu verschaffen, z. B. durch Alkohol, Drogen oder leere Versprechungen. Das Klingeln vorübergehend abzustellen verschafft zwar Erleichterung, bedeutet aber auch, daß die Bedürfnisse des Real-Ichs nicht erfüllt werden. Es ist nur eine Frage der Zeit, bis das Telefon wieder anfängt zu klingeln. Die Folge dieses Verhaltensmusters besteht in chronischem Negativismus.

Leistungsstarke Sportler reagieren folgendermaßen auf negative Emotionen:

1. Sie hören das Klingeln des Telefons und heben ab, bevor das Geräusch zu aufdringlich wird. Das heißt, sie lassen zu, daß die negative Emotion in ihr Bewußtsein dringt, und die Nachricht, die sie enthält, empfangen werden kann. Hier sind einige Beispiele, wie diese Botschaften aussehen könnten:
   - ❒ »Ich habe Hunger – ich muß etwas essen.«
   - ❒ »Ich bin müde – ich brauche mehr Schlaf.«
   - ❒ »Ich bin sehr nervös – ich muß kürzer treten und ausspannen.«
   - ❒ »Ich bin frustriert – jeder trampelt auf meiner Selbstachtung herum.«
2. Sie bestimmen, ob ein Bedürfnis, das sich bemerkbar macht, wichtig oder unwichtig, rational oder irrational ist. Handelt es sich um einen lebensbedrohenden Notfall oder lediglich um ein unbedeutendes, vorübergehendes Bedürfnis?
3. Sie beantworten die beiden folgenden Fragen:
   - ❒ Sind Ort und Zeitpunkt richtig, um das Bedürfnis zu erfüllen?
   - ❒ Kann ich im Augenblick etwas Sinnvolles tun, um mir Erleichterung zu verschaffen?

Wenn sie sich mitten in einem Wettkampf befinden und unmittelbar nichts unternehmen können, greifen sie auf ihre mentale Stärke und ihre schauspielerischen Fertigkeiten zurück. Sie tun alles, um die negative Emotion zu unterdrücken und Zugang zu positiven kraftspendenden Emotionen zu finden. Wenn es schon nicht möglich ist, sofort zu handeln, heben leistungsstarke Sportler wenigstens ab, wenn das Telefon klingelt, nehmen die Nachricht entgegen, und versprechen, sich so bald wie möglich um die Angelegenheit zu kümmern.

Regel 7: Es ist wichtig, Bedürfnisse von Wünschen zu unterscheiden

Die Erschließung Ihres Potentials als Sportler steht in direktem Zusammenhang mit der Erfüllung Ihrer Grundbedürfnisse, nicht Ihrer Wünsche. Sie wünschen sich vielleicht, länger aufzubleiben, brauchen aber Schlaf; möglicherweise haben Sie Lust, Süßigkeiten zu naschen, doch Sie brauchen nahrhafte Speisen; Sie wollen eigentlich aufgeben, müssen aber weiterkämpfen, um Ihre Leistungsstärke zu erhöhen; Sie wünschen sich einen freien Tag, brauchen aber zusätzliches Training; Sie würden am liebsten Ihren Tennisschläger über den Zaun werfen oder Ihren Golfschläger um einen Baum wickeln, müssen aber Ihre Fertigkeiten verbessern. Es ist leicht, Wünsche mit Bedürfnissen zu verwechseln.

Kinder, deren Eltern ihnen alle Wünsche erfüllen, werden schwach und verwöhnt. Eltern, die konsequent die Grundbedürfnisse ihrer Kinder erfüllen, machen sie zu starken, belastbaren Persönlichkeiten. Jammern, Klagen und Frustration, die auf unerfüllte Wünsche zurückgehen, erhalten die Schwäche aufrecht.

Stellen Sie sich die Frage: Werden die emotionalen Schmerzen, die Sie fühlen, von Wünschen oder von Bedürfnissen verursacht?

Sind es Wünsche, dann forschen Sie genauer nach. Besteht ein tieferliegendes Bedürfnis, das erforscht werden sollte? Diese Überlegungen sind ein wichtiger Schritt auf dem Weg, sich selbst zu entdecken und zu verstehen. Wünsche zu zügeln führt zu Disziplin; Bedürfnisse zu erfüllen führt zu Ausgeglichenheit.

Regel 8: Die Hierarchie von Bedürfnissen

Es ist klar, daß einige Bedürfnisse wichtiger sind als andere. Der Psychologe Abraham Maslow hat ein Modell für die Hierarchie von Bedürfnissen entwickelt. Nach diesem Modell sind Bedürfnisse nach Nahrung, Flüssigkeit und Sicherheit – als primäre Bedürfnisse bezeichnet – dringlicher und von höherer Priorität als Bedürfnisse nach Liebe oder Selbstachtung, die als sekundäre Bedürfnisse bezeichnet werden. prim. sek.

Maslow vertritt die Ansicht, daß primäre Bedürfnisse, die im wesentlichen Grundtriebe des Menschen darstellen – wie Hunger, Durst, Schlaf, Sicherheit – befriedigt werden müssen, bevor man sich den höher angeordneten sekundären Bedürfnissen zuwenden kann. Auf unser Trainingsprogramm bezogen heißt das, daß Erholung – und zwar auch hinsichtlich in der Hierarchie höher stehender Bedürfnisse – blockiert wird, wenn diese physischen Grundbedürfnisse nicht befriedigt werden. Unbefriedigte Bedürfnisse bezüglich Ernährung, Schlaf und Flüssigkeitszufuhr verursachen mächtige Streßzyklen. Der kürzeste Weg zu Übertraining besteht in dem Versäumnis, diese Grundbedürfnisse zu befriedigen.

Abbildung 9 zeigt, daß nach unserem Trainingsmodell zu persönlicher Leistungsentwicklung die wichtigsten menschlichen Grundbedürfnisse darin bestehen, Energie abzugeben und wieder aufzunehmen – das heißt, Wellen zu erzeugen. Die wichtigsten Formen von Streß haben mit Bewegung und Stimulierung des Körpers zu tun, die wichtigsten Formen von Erholung erfordern es, vernünftig zu essen, zu trinken, zu schlafen und sich auszuruhen.

Der entscheidende Punkt ist:

> Zum Erreichen eines Gleichgewichts zwischen Streß und Erholung ist es notwendig, daß physische Grundbedürfnisse täglich befriedigt werden.

Denken Sie daran – ohne Gleichgewicht gibt es auf Dauer keine Stärke. Und: »Erschöpfung macht uns alle zu Feiglingen!«

Eine der wichtigsten Vorbereitungungsmaßnahmen auf den Wettkampf besteht ohne Zweifel darin, sicherzustellen, daß Sie physisch völlig erholt in den Kampf ziehen.

Regel 9: Verkrampfung im Sport entsteht aus dem Bedürfnis nach psychischer Sicherheit

Die Angst, zu versagen, Erwartungen nicht zu erfüllen, einen schlechten Eindruck zu hinterlassen, kann genauso stark und intensiv sein wie die Angst, körperlich verletzt zu werden. Je bedrohlicher ein Wettkampf für Ihre psychische Sicherheit ist, desto mehr Streß und Verunsicherung stellt er dar. Bedürfnisse nach psychischer Sicherheit müssen erfüllt werden, sonst verursachen die Hormone, die bei Angst auftreten, den völligen Zusammenbruch.

Angst signalisiert einfach erhöhten Streß. Wie Sie vor, während und nach dem Wettkampf denken und handeln, hat große Auswirkungen darauf, wie bedrohlich und verunsichernd diese Situation letztendlich ist.

Regel 10: Die Unterdrückung von Bedürfnissen während des Wettkampfs erhöht meist die Leistung

Ein Wettkampf stellt eine hohe Dosis an Streß dar. Häufig werden Gefühle von Erschöpfung, Frustration, Hilflosigkeit, Wut und Angst ausgelöst. Entschlossenes Handeln und positives Denken dienen dazu, Sie während des Wettkampfs von kraftraubenden (negativen) Gefühlen abzubringen, und kraftspendende (positive) Gefühle aufzubauen. So zu

Abb. 9 Die Hierarchie von Erholungsbedürfnissen

Bedürfnis nach persönlicher Erfüllung
(Selbstverwirklichung)

Bedürfnis, sich als wertvoller Mensch zu fühlen
(Selbstachtung)

Bedürfnis, zu lieben und geliebt zu werden,
Bedürfnis nach Zugehörigkeit und Freundschaft

Bedürfnis nach Sicherheit und Geborgenheit

Das elementarste menschliche Grundbedürfnis ist das Bedürfnis,
Energie abzugeben und wieder aufzunehmen
(zu oszillieren)

- Bedürfnis, Energie abzugeben
(Stimulation, Bewegung, Erregung)

- Bedürfnis, Energie wieder aufzunehmen
(Nahrung, Flüssigkeit, Schlaf)

Nach Abraham Maslows »Hierarchie der Bedürfnisse« (1962)

tun, als ob Sie nicht müde wären, als ob Sie jegliche Gedanken an Müdigkeit erst gar nicht an sich heranließen, unterdrücken jedoch die Erfüllung von Bedürfnissen. Deshalb sollten Sie sich folgendes vornehmen:

1. Werden Sie sich des Bedürfnisses bewußt.
2. Wenn nichts getan werden kann, um das Bedürfnis an Ort und Stelle zu befriedigen, akzeptieren Sie es als das, was es ist.
3. Versetzen Sie sich in einen kraftspendenden emotionalen Zustand zurück (unterdrücken Sie die negative Emotion).
4. Verschaffen Sie sich so bald wie möglich nach dem Wettkampf Erleichterung, falls es sich um ein wichtiges Bedürfnis handelt.

Zusammenfassung

Wir können wichtige Bedürfnisse nur dann erfüllen, wenn wir auf die Signale, die der Körper uns durch Gefühle und Emotionen sendet, hören. Unerfüllte Bedürfnisse schaffen mächtige Zyklen von linearem Streß. Linearer Streß führt zu Übertraining und zu einer totalen Umkehrung des Entwicklungsprozesses zu höherer Leistung.

Die goldene Regel heißt: Bewahren Sie Ihre Sensibilität gegenüber Ihrem Körper, Ihren Gefühlen und Emotionen, doch lassen Sie nicht zu, daß Sie von Emotionen gesteuert werden. Es geht nicht, daß Sie im Wettkampf leistungshemmenden Emotionen hilflos ausgeliefert sind.

Verpflichten Sie sich, wichtige Bedürfnisse so bald wie möglich zu erfüllen, aber treiben Sie sich, solange der Wettkampf noch im Gange ist, unerbittlich an, um so nahe wie möglich an Ihren idealen Leistungszustand heranzukommen. Wenn sich allerdings irgendwann – während des Wettkampfs oder zu einem anderen Zeitpunkt – echte Schmerzen andeuten, müssen Sie Ihre ungeteilte Aufmerksamkeit auf dieses Problem richten.

Praktische Übungen zum Mentaltraining

1. Richten Sie in den nächsten zwei Wochen Ihr besonderes Augenmerk auf die Häufigkeit und Bedeutung der negativen Emotionen, die Sie beim Sport und im allgemeinen empfinden. Versuchen Sie, den Ursprung der unerfüllten Bedürfnisse, die den negativen Gefühlen zugrunde liegen, die Dringlichkeit und Bedeutung dieser Bedürfnisse zu verstehen. Versuchen Sie außerdem herauszufinden, was Sie tun können, um wichtige Bedürfnisse des Real-Ichs so schnell und effektiv wie möglich zu erfüllen.

2. Beginnen Sie damit, nach und nach Ihre Fähigkeit zu verbessern, Ihre negativen Gefühle und Emotionen zu verstehen, zwischen Wünschen und Bedürfnissen zu unterscheiden, wichtige Bedürfnisse schnell und direkt zu erfüllen sowie den Ansturm gefährlicher negativer Emotionen während des Wettkampfs zu unterdrücken.

11.
Die Rolle der Bewußtheit

Persönliche Weiterentwicklung und positive Veränderungen sind Aufgaben, die weder im Sport noch in anderen Bereichen des Lebens jemals abgeschlossen werden. Thema dieses Kapitels ist eine einfache, aber sehr wichtige Erkenntnis:

> Persönliche Bewußtheit ist der erste und wichtigste Schritt auf dem Weg zu Weiterentwicklung und positiver Veränderung.

In Kapitel 4 sollten Sie sich hinsichtlich sechsundzwanzig Persönlichkeitsfaktoren beurteilen, die mit Erfolg im Wettkampf in Zusammenhang stehen. Die Aufgabe bestand darin, der Wahrheit über sich selbst gegenüberzutreten, die einzelnen Schutzschilde beiseitezuschieben und einen ehrlichen Blick auf das zu werfen, was sich dahinter verbirgt.

Die Wahrheit über sich selbst kann erschreckend sein. Das ist genau der Grund, aus dem wir so komplizierte Abwehrsysteme errichten – unbewußte Verleugnung, Verdrängung, Rationalisierung usw. Wir wollen einfach unser Selbstwertgefühl davor schützen, verletzt zu werden; wir versuchen verzweifelt, Schmerzen zu entgehen.

Schon als Kleinkinder beginnen wir zu lernen, daß eine Methode, emotionale Schmerzen zu vermeiden, darin besteht, nicht mehr über das nachzudenken, was uns bedrückt. Wir lernen, daß es weniger weh tut, wenn wir vorgeben, etwas sei nicht passiert – oder wenn wir schmerzhafte Erfahrungen aus unserem Bewußtsein verbannen. Die Dinge sind dann nicht mehr so beängstigend, traurig, einsam, enttäuschend und bedrohlich. Das Bewußtsein zu blockieren kann eine starke Strategie werden, um emotionale Schmerzen zu lindern. Und je schmerzhafter die Emotion ist, desto mehr Macht hat sie, das Bewußtsein zu blockieren.

Das wirkt zwar ganz gut, doch das Problem dabei ist, daß Sie allmählich den

Kontakt zur Wahrheit verlieren. Im Zusammenhang mit unserem Trainingsprogramm würden wir sagen, das Real-Ich geht verloren. Das Wettkampf-Ich ergreift die Zügel und nimmt die Veränderungen vor, die nötig sind, um Schmerzen zu vermeiden – nicht nur im Wettkampf, sondern in jeder anderen Situation auch.

Die gewohnheitsmäßige Selbsttäuschung wird schließlich zum dominierenden Interaktionsstil. Wenn es so weit kommt, werden unglücklicherweise wichtige Bedürfnisse des Real-Ichs nicht mehr erfüllt. Die Verzerrung ist einfach zu groß. Die Instrumente, die uns wichtige Daten über Streß und Erholung liefern, zeigen nicht mehr an, was wirklich passiert. Man kann den eigenen Gefühlen und Emotionen nicht mehr trauen. Da das Gleichgewicht von Streß und Erholung für die Leistungsentwicklung ausschlaggebend ist, kommt dieser Prozeß durch die Trübung des Bewußtseins schließlich völlig zum Erliegen.

Wenn es an Bewußtheit fehlt

Wirklichkeitsfremd, teilnahmslos und uneinsichtig sind nur einige Begriffe, mit denen Sportler beschrieben werden, denen es an Bewußtheit fehlt. Daraus resultiert mangelndes Verständnis seiner selbst. Bill ist ein gutes Beispiel dafür.

Bill, ein siebzehnjähriger Tennisspieler, wurde von seiner Mutter, seinem Stiefvater und seinem Trainer an mich verwiesen, da er ihrer Meinung nach ständig unter seinen Möglichkeiten spielte. Sein Trainer beschrieb ihn als unkonzentriert und meistens total von der Rolle. Bill hatte eine lange Liste von Verletzungen hinter sich. Er machte einen äußerst oberflächlichen, fast unnatürlichen Eindruck. Er bestritt, Probleme mit Nervosität, Druck oder Anspannung zu haben. Er führte die meisten seiner Leistungsprobleme auf Pech und frühere Verletzungen zurück. Die niedrigste Beurteilung, die er sich bei der Erstellung seines Wettkampfprofils gab, war eine 6 auf der Geduldig-Ungeduldig-Skala. Die meisten lagen bei 8 oder 9.

Nach Beschreibung seines Trainers war Bill uneinsichtig, undiszipliniert und unreif. Der Trainer schrieb die meisten, wenn nicht alle, von Bills Verletzungen dessen »Dummheit« und schlampigen Trainingsgewohnheiten zu. »Er scheint einfach nicht aus seinen Fehlern zu lernen ... er macht dauernd irgendwelche Eseleien ... er vergißt seine Schlüssel, seine Schläger, sich aufzuwärmen ... er ist die meiste Zeit völlig weggetreten.«

Aus meiner Sicht waren Bills schwerwiegendste Schwächen diejenigen, die aus dem völligen Fehlen von Bewußtheit, Verständnis für sich selbst und Selbsteinsicht herrührten. Bill erkannte schließlich, daß er seine geringe Bewußtheit als Schutzschild gegen zwei äußerst schmerzhafte Fehlschläge in der Vergangenheit benutzte, von denen keine etwas mit Sport zu tun hatte.

Es war ihm nicht möglich, sein Potential auszuschöpfen, bevor er zu wichtigen Einsichten bezüglich seines Real-Ichs gekommen war. In einem Zeitraum von mehreren Monaten schaffte er wiederholt den Durchbruch und wurde zu einem erfolgreichen Spieler in seinem Hochschulteam. Der Schlüsselfaktor für diesen Sprung in seiner persönlichen Entwicklung bestand darin, seine Bewußtheit wiederzuerwecken und darauf auszurichten, sich selbst besser verstehen zu lernen. Bill zeigte auf seiner Suche nach persönlicher Wahrheit bemerkenswerten Mut. Am Ende war ein Gefühl von Realismus und Offenheit an die Stelle von Unnatürlichkeit, Vergeßlichkeit und Verschlossenheit getreten.

Erweiterung der eigenen Bewußtheit

Irgendwie scheinen Stärke und Durchstehvermögen auf der einen Seite sowie Bewußtheit und Sensibilität auf der anderen nicht so recht zusammenzupassen. Trotzdem führt für die meisten von uns der Weg zu Stärke über erweiterte Bewußtheit und besseres Verständnis unserer selbst. Die eigene Bewußtheit zu erweitern bedeutet, offener und aufmerksamer für die Botschaften zu werden, die uns unser Körper ununterbrochen übermittelt. Das heißt, wir müssen angestrengt lauschen und die Bedürfnisse unseres Real-Ichs wahrnehmen.

Die Aufgabe, die Bill mehrere Monate lang auszuführen hatte, blieb im wesentlichen unverändert. Er sollte seine Sinne schärfen, um seine Gefühle und Emotionen wahrzunehmen, anstatt abzuschalten und sich hinter seiner Schutzmaske geringer Bewußtheit zu verbergen. Er sollte im besonderen auf jegliche Anzeichen für eine Abwehrhaltung oder Unsicherheit achten. Seine Aufgabe war es, jeden Tag folgende Schritte zu durchlaufen:

Schritt 1

Den Grad seiner Bewußtheit von Tag zu Tag zu erhöhen. Wo stehe ich? Was geht im Augenblick in mir vor, was fühle ich? Die Äußerungen seines Körpers zu hören. Die Bedürfnisse seines Real-Ichs zu beachten. Den Zeitpunkt zu erkennen, an dem er anfing, sich zu verbergen und zu beschützen.

Schritt 2

Besondere Aufmerksamkeit auf negative Gefühle und Emotionen zu richten, vor allem auf Abwehrhaltungen und Unsicherheit.

Schritt 3

Wenn er sich negativer Gefühle bewußt wurde, sollte er sich fragen, welche Bedürfnisse dadurch ausgedrückt wurden, und versuchen, jeden Schmerz zu seinem Ursprung zurückzuverfolgen. Jedesmal, wenn er auf Schwächen stieß, sollte er versuchen, sie zu verstehen und sich ihnen zu stellen.

Schritt 4

Am Ende eines jeden Tages sollte Bill seinen Erfolg für die Schritte 1 bis 3 beurteilen. Zu seinen Aufgaben gehörte auch, ein Tagebuch zu führen, das ich in regelmäßigen Abständen auswertete. Er wurde dazu ermutigt, seine echten Gefühle und Emotionen an jedem einzelnen Tag so offen und ehrlich wie möglich zu beschreiben, und tapfer zu sein auf seiner Suche nach persönlicher Wahrheit.

Bill bemerkte sehr schnell, daß es sich hierbei um keine leichte Aufgabe handelte. An manchen Tagen war es leichter als an anderen, aber eine gewisse Überwindung kostete es jeden Tag. Sich vor sich selbst zu öffnen bedeutete, in eine Welt einzutreten, die verwirrend und bedrohlich war. Doch nach und nach traten Vertrauen, Selbstakzeptanz und Verständnis an die Stelle von Bills Ängsten und Zweifel. Er erkannte außerdem, daß sein aus diesen vier Schritten bestehender Weg nie enden würde. Wenn er weiterhin glücklich sein, sich weiterentwickeln und persönliche Erfüllung finden will, kann seine Suche nach persönlicher Wahrheit und Aufrichtigkeit nie enden.

Bewußtheitsgrade

Der Zusammenhang zwischen den Bewußtheitsgraden und den unterschiedlichen Bewußtseinszuständen kann wesentlich zum Verständnis des Entwicklungsprozesses zu höherer Leistungsfähigkeit beitragen. Der höchste Grad an Bewußtheit wird oft als bewußte Bewußtheit bezeichnet. Sie liegt eine Stufe über der einfachen Bewußtheit. Die Bewußtheit, zu atmen, Schmerz oder Freude zu empfinden, ist eine Ebene, aber die Bewußtheit, daß Sie sich dieser Dinge bewußt sind, ist eine weit höhere. Die Fähigkeit, sich bewußt zu sein, daß man sich einer Sache bewußt ist, ist wahrscheinlich eines der wesentlichsten Merkmale, durch das sich der Mensch von anderen Gattungen unterscheidet.

Es bedarf nicht weniger als dieses höchsten Grades von Bewußtheit, um persönliche Veränderungen, den Reifeprozeß und die Entwicklung zu Leistungsstärke zu beschleunigen. Bewußte Bewußtheit ist Selbstbeobachtung. Durch diesen Prozeß kann man zu neuen Einsichten gelangen und neue Wege einschlagen.

Bills Fall ist ein gutes Beispiel. Seine unermüdlichen Bemühungen, seine persönliche Bewußtheit zu erhöhen, brachten ihn auf die Stufe bewußter Bewußtheit. Um den Wandel möglichst schnell zu vollziehen, mußte er diesen höchsten Bewußtheitsgrad erreichen. Nur so war er in der Lage, seinen Schwächen offen entgegenzutreten und umsichtig seinen Entwicklungsprozeß voranzutreiben.

Nachdem er gelernt hatte, sich seiner Gefühle und Emotionen bewußter zu sein, und sich daran gewöhnt hatte, häufiger und aufmerksamer auf die Bedürfnisse seines Real-Ichs zu achten, bestand immer weniger Veranlassung, den Zustand bewußter Bewußtheit aufrechtzuerhalten, denn seine einfache Bewußtheit war inzwischen enorm gestiegen. Der Nebel, der seine Anzeigeninstrumente eingehüllt hatte, hatte sich fast ganz verzogen.

Bills rasche persönliche Weiterentwicklung erforderte den höchsten Grad an Bewußtheit, den wir als Grad 1 der Bewußtheit bezeichnen. Das gezielte Trai-

ning, bewußter zu sein, schärfte und verstärkte seinen Grad 2 der Bewußtheit, also seinen einfachen, normalen Bewußtheitsgrad.
Es gibt noch zwei weitere Bewußtheitsgrade, die im Zusammenhang mit Bills Situation erwähnt werden müssen. Es handelt sich dabei um die unterbewußte Bewußtheit, als Grad 3 der Bewußtheit bezeichnet, und um die unbewußte Bewußtheit, oder Grad 4 der Bewußtheit.
Der nachfolgende Überblick beschreibt die vier Bewußtheitsgrade und ihre Bedeutung für Bills Probleme.

Grad 1: Bewußte Bewußtheit

Dies ist der höchste Grad persönlicher Bewußtheit: sich bewußt zu sein, daß man sich einer Sache bewußt ist. Diese Stufe ist Voraussetzung für rasche persönliche Weiterentwicklung. Bills Aufgabe war es, sich bewußt der Bedürfnisse seines Real-Ichs bewußt zu werden, seiner alten unproduktiven Gewohnheiten, seiner Schwächen und der Veränderungen, die sich anbahnten. Sich diesem Bewußtheitsgrad zu öffnen, war bedrohlich und manchmal sogar schmerzhaft.

Grad 2: Bewußtheit

Dies ist die Stufe normaler, tagtäglicher Bewußtheit. Sie sind sich einfach dessen bewußt, was vor sich geht. Auf dieser Stufe bestehen jedoch große interpersonale Unterschiede. Bill begann auf einem ziemlich niedrigen Niveau, machte im Verlauf des Trainings jedoch große Fortschritte, die allerdings nur durch seine unermüdliche Arbeit auf der Ebene von Grad 1 ermöglicht wurden.

Grad 3: Unterbewußte Bewußtheit

Bei dieser Stufe liegen Gefühle, Bedürfnisse und Impulse nur knapp unter Ihrer normalen Bewußtheitsebene. Der Nebel, der Bill Probleme bereitete, war die Folge einer Überfunktion der unterbewußten Ebene. Viele seiner Bedürfnisse und Schwächen erreichten die normale Bewußtheitsebene nicht. Dieses erlernte Verhaltensmuster diente dazu, das Real-Ich vor Bedrohungen zu schützen, verhinderte jedoch gleichzeitig, daß wichtige Bedürfnisse erfüllt wurden. Material auf dieser Ebene befindet sich an der Grenze zur nächsthöheren Stufe und kann durch bewußte Anstrengung in die normale Bewußtheit geholt werden.
Bills gesteigertes Verständnis seiner selbst resultierte daraus, daß er einen großen Teil des Materials, das unterbewußt angesiedelt war, in sein Bewußtsein holen konnte.

Grad 4: Unbewußte Bewußtheit

Bei dieser Ebene handelt es sich um Material, das völlig außerhalb der Reichweite der normalen Bewußtheit liegt. Emotional traumatische Erlebnisse können vom Gehirn so abgespeichert werden, daß sie der normalen Bewußtheit nicht ohne weiteres zugänglich sind. Dieser Vorgang scheint instinktiv vollzogen zu werden, um den Körper vor etwas zu schützen, das als ernste Bedrohung wahrgenommen wird. Traumatische Erlebnisse zu verdrängen, bestimmten Gedanken, Gefühlen und Emotionen den Zugang zur Bewußtheit zu verschließen, sind im Grunde nichts anderes als Überlebensmechanismen.

Schmerzhafte Ereignisse aus dem Bewußtsein zu verdrängen schafft sicher für kurze Zeit Erleichterung, verhindert jedoch oft eine Gesundung des Real-Ichs. Depressionen, Niedergeschlagenheit, Verwirrung und geringe Selbstachtung können auf unbewußte Konflikte zurückgeführt werden, die nicht verarbeitet worden sind. Viele von Bills Problemen rührten von zwei solchen Ereignissen aus seiner frühen Kindheit her. Das erste war der Tod seines Vaters, Bill war zu diesem Zeitpunkt fünf, das zweite war ein Autounfall zwei Jahre später, bei dem seine Mutter fast ums Leben kam. Die durch den Krankenhausaufenthalt verursachte Trennung von seiner Mutter war für den Jungen schier unerträglich. Erst durch Gespräche, Nachhaken, schriftliches Aufarbeiten und Bewußtmachen konnte Bill schließlich zur Wahrheit vordringen. Danach wurden seine Abwehrhaltung, sein Sich-dumm-Stellen, seine Weltfremdheit verständlich.

Zusammenfassung

Um leistungsfähiger, stärker und damit belastbarer zu werden, ist es nötig, Veränderungen gegenüber offen zu sein. Das bedeutet nichts anderes, als die höchstmögliche Bewußtheitsstufe zu erreichen. Der entscheidende Schritt in diesem Prozeß besteht darin, sich seiner Bedürfnisse, seiner Ängste und seiner persönlichen Schwächen bewußt bewußt zu werden.

Verständnis seiner selbst und die nie endende Suche nach persönlicher Wahrheit erfordern ein hohes Maß an persönlicher Bewußtheit. Die Bewußtheit zu blockieren schafft vorübergehend Erleichterung, bedeutet aber auch, daß die Bedürfnisse des Real-Ichs nicht beachtet werden. Dadurch wird es unmöglich, ein Gleichgewicht zwischen Streß und Erholung zu schaffen.

Die Merkmale einer gesunden, ausgeglichenen Persönlichkeit sind Offenheit und das Fehlen von Abwehrhaltungen. Abwehrhaltung ist immer ein Zeichen für Schwäche. Große persönliche Entwicklungssprünge sind oft die Folge von Einsichten in Ihre unterbewußte und unbewußte Welt, die durch bewußte Bewußtheit gewonnen wurden.

Praktische Übungen zum Mentaltraining

Folgen Sie dreißig Tage lang Bills Programm. Ihr Ziel besteht darin, auf eine höhere Bewußtheitsebene und zu einem besseren Verständnis Ihrer selbst zu gelangen.

Schritt 1

Erhöhen Sie von Tag zu Tag den Grad Ihrer Bewußtheit. Wo stehe ich? Was geht im Augenblick in mir vor? Was fühle ich? Hören Sie auf Mitteilungen Ihres Körpers – während eines Wettkampfs und zwischen Wettkämpfen. Beachten Sie die Bedürfnisse Ihres Real-Ichs. Erkennen Sie den Zeitpunkt, wann Sie anfangen, sich zu verbergen und sich zu schützen.

Schritt 2

Richten Sie besondere Aufmerksamkeit auf negative Gefühle und Emotionen, vor allem wenn sie eine Abwehrhaltung oder Unsicherheit signalisieren.

Schritt 3

Fragen Sie, wenn Sie sich negativer Gefühle bewußt werden, welche Bedürfnisse dadurch ausgedrückt werden. Versuchen Sie, jeden Schmerz zu seinem Ursprung zurückzuverfolgen. Versuchen Sie, wann immer Sie auf Schwächen stoßen, sie zu verstehen und ihnen gegenüberzutreten.

Schritt 4

Beurteilen Sie am Ende eines jeden Tages Ihren Erfolg für die Schritte 1 bis 3. Führen Sie ein Tagebuch. Setzen Sie sich so offen und ehrlich wie möglich mit Ihren Gefühlen und Emotionen auseinander. Zeigen Sie Mut bei Ihrer Suche nach persönlicher Wahrheit. Ergreifen Sie sofort positive Maßnahmen, wenn Sie Schwächen oder ein Ungleichgewicht entdecken.

12. Training in Zyklen: Periodisierung

Periodisierung. Ein großes Wort, das in den Ohren mancher Athleten vielleicht etwas zu wissenschaftlich klingen mag. Doch jeder, der ernsthaft Sport betreibt, sollte diesen Begriff kennen und seine Bedeutung verstehen. Wenn Sie im Training die Prinzipien der Periodisierung strikt befolgen, erreichen Sie dadurch folgendes:

1. Sie senken das Risiko des Übertrainings.
2. Sie senken das Risiko des Untertrainings.
3. Sie senken das Verletzungsrisiko.
4. Sie erhöhen Ihre Chancen, Ihre Spitzenleistung zu erbringen, wenn Sie es sich am meisten wünschen.

Beginnen wir mit einer Definition: Periodisierung ist einfach ein langfristiger Trainingsplan, der so aufgebaut ist, daß Ihre Chancen optimiert werden, im entscheidenden Augenblick Ihre Bestleistung zu erbringen. Periodisierung hängt mit der bereits besprochenen Wellenerzeugung zusammen. Perioden von Streß wechseln nach einem sorgfältig ausgearbeiteten Plan mit Perioden der Erholung. Indem Phasen von physischem, mentalem und emotionalem Streß durch Phasen physischer, mentaler und emotionaler Erholung ausgeglichen werden, werden Verletzungsgefahren, das Risiko, lustlos oder ausgebrannt zu sein, und schlechte Leistungen erheblich reduziert.

Das Konzept der Periodisierung wurde zuerst vor über zwanzig Jahren von einem sowjetischen Physiologen eingeführt. Viele Erfolge der früheren Sowjetunion und osteuropäischer Länder bei Olympischen Spielen wurden der Tatsache zugeschrieben, daß die Sportler dieser Nationen die Prinzipien der Periodisierung sehr wohl kannten und auch anwendeten. Inzwischen ist Periodisierung eine Trainingsform, die weltweit von fast allen namhaften Sportwissenschaftlern und Trainern akzeptiert und angewendet wird.

Die Prinzipien der Periodisierung

Periodisierung ist ein festgelegter Plan, um die folgenden Trainingsprinzipien umzusetzen:

- **Adaptation**
  Unter diesem Begriff verstehen wir den Prozeß, den Ihr Körper durchläuft, um stärker, leistungsfähiger und letztendlich auch belastbarer zu werden.
- **Häufigkeit**
  Dieses Prinzip bezieht sich darauf, wie oft Trainingsstreß verabreicht werden sollte. Ist es angebracht, um Ihre sportlichen Ziele zu erreichen, zu einem bestimmten Zeitpunkt die Häufigkeit bestimmter Trainingseinheiten zu erhöhen oder zu vermindern? Wie viele Tage hintereinander und wie oft pro Tag sollten Sie trainieren?
- **Intensität**
  Dieser Punkt bezieht sich darauf, wie hart der Trainingsstreß sein sollte. In anderen Worten, wie hart sollten Sie an diesem Punkt Ihres Trainingsprogramms trainieren? Wie viel Gewicht sollten Sie beim Krafttraining auflegen, wie schnell sollten Sie laufen, wie viel Prozent Ihres Leistungspotentials sollten Sie aufwenden?
- **Spezifität**
  Das heißt, in welchem Ausmaß der Trainingsstreß den tatsächlichen Anforderungen im Wettkampf entsprechen sollte. Wie nahe sollte zu einem bestimmten Zeitpunkt Ihr Training dem tatsächlichen Streß Ihrer Sportart kommen? Hier gilt die Faustregel: Je näher der Wettkampf rückt, desto mehr Spezifität ist im Training gefragt.
- **Variation**
  Hierbei geht es darum, wie abwechslungsreich der Trainingsstreß sein sollte. Wie wichtig ist es zu einem bestimmten Zeitpunkt, Änderungen und Abwechslung in Ihren Trainingsablauf einzubauen? Mehr Abwechslung bedeutet gewöhnlich mehr Zeit für Erholung und trägt dazu bei, Überdruß und Langeweile zu vermeiden.
- **Erholung**
  Dieser Begriff bezieht sich darauf, wie viel Zeit Sie für Adaptation und Weiterentwicklung veranschlagen sollten. Wie viel Zeit für Erholung sollte zu einem bestimmten Zeitpunkt, unter Berücksichtigung von Häufigkeit, Intensität und Dauer Ihres Trainings, in Ihr Programm eingebaut werden?

Wie Sie die Prinzipien der Periodisierung auf Ihre Sportart anwenden können

Manche Sportarten, wie Basketball, American Football und Fußball, haben festgelegte Spielzeiten, andere, wie Tennis und Golf, nicht. Saisonbedingte Sportarten haben festgelegte Ruhepausen. Die anderen haben keine klar definierten Wettkampfzeiten, da die Wettkämpfe das ganze Jahr hindurch stattfinden. Die Prinzipien der Periodisierung können jedenfalls von unschätzbaren Wert dabei sein, Ihre sportlichen Ziele in möglichst kurzer Zeit zu erreichen – ob es sich um eine saisonbedingte Sportart handelt oder nicht. Die Ausarbeitung eines Periodisierungsplans für ein ganzes Jahr richtet Ihre Aufmerksamkeit auf das Gesamtbild. Ihr Periodisierungsplan sollte Ihnen dabei helfen, schlüssige Antworten auf folgende Fragen zu finden:

- Zu welchen Zeiten finden im kommenden Jahr die wichtigsten Wettkämpfe statt?
- Wann und wie planen Sie, alle Kraftreserven zu mobilisieren, um Ihre Chancen zu optimieren, zum richtigen Zeitpunkt in Bestform zu sein?
- Wann und wie arbeiten Sie gezielt darauf hin, Ihre Herz-, Kreislauf- und Muskelausdauer (Ihre aerobischen Fähigkeiten) zu verbessern?
- Zu welchem Zeitpunkt im Jahr wollen Sie technische Mängel ausbügeln?
- Wann und wie wollen Sie Ihre Muskelkraft steigern?
- Wann und wie verbessern Sie Ihre Schnelligkeit und Kraft?
- Wann und wie wollen Sie Ihr Wettkampfverhalten (Ihr Wettkampf-Ich) verbessern?
- Wann und wie setzen Sie Ruhe- und Erholungsphasen an?

Bevor Sie mit der Ausarbeitung eines Periodisierungsplans für Ihre Sportart beginnen, sollten Sie sich über folgende Punkte im klaren sein:

- Sie können nicht ununterbrochen Bestleistungen erbringen. Bestform kann nur für zwei bis drei Wochen aufrechterhalten werden, und das auch nur zwischen drei- und fünfmal pro Jahr.
- Jeder Sportler ist anders. Das Ausmaß an Streß, das Sie ertragen können, der Umfang an Streß, dem Sie ausgesetzt sein müssen, um Ihre Bedürfnisse zu erfüllen, wie viel Erholung Sie brauchen, Ihr ideales Arbeit/Erholung-Verhältnis zum Erreichen Ihrer Bestform sind ganz individuelle Kriterien.
- Die Festsetzung und Durchführung von Ruhe- und Erholungszyklen sollte genauso sorgfältig geplant werden wie die von Streßzyklen. Bei jedem Periodisierungsplan sollten Streß und Erholung gleichermaßen berücksichtigt werden.

Plan zur Durchführung

Schritt 1

Machen Sie eine Liste aller Wettkämpfe, an denen Sie im kommenden Jahr teilnehmen.

Vermerken Sie für jeden Wettkampf Datum und Dauer. Tragen Sie, wenn Ihre Sportart saisonbedingt ist, den Spielplan, die Zeiten für Trainingslager und mögliche Playoff-Daten ein. Ansonsten listen Sie alle sportlichen Ereignisse mit Datum und Zeit auf, an denen Sie aktiv teilnehmen wollen.

Schritt 2

Bestimmen Sie die für Sie wichtigsten Wettkämpfe des Jahres.

Finden Sie heraus, in welchen Zeiträumen des kommenden Jahres Höchstleistungen gefordert sind. Welche sportlichen Ereignisse sind Ihnen am wichtigsten? Wann müssen Sie in Bestform sein?

Schritt 3

Legen Sie Ihren Trainingszyklus fest.

Planen Sie mindestens zwei gleich lange Trainingszyklen pro Jahr, wenn Sie eine Sportart ausüben, bei der mehr als eine Saison jährlich gespielt wird, oder wenn Sie mehr als eine saisonbedingte Sportart ausüben. Beschränken Sie sich bei Ihrem Periodisierungsplan auf einen zwölfmonatigen Trainingszyklus, wenn es in Ihrer Sportart nur eine, zeitlich festgelegte Spielzeit gibt.

Schritt 4

Unterteilen Sie Ihren sechs- bzw. zwölfmonatigen Trainingszyklus in folgende Trainingsetappen:

1. Vorbereitungsphase
2. Allgemeine Krafttrainingsphase
3. Schnelligkeit und Schnellkraftphase
4. Höchstleistungsphase
5. Aktive Ruhephase

In allen fünf Phasen sollten die Periodisierungsprinzipien Adaptation, Häufigkeit, Intensität, Spezifität, Variation und Erholung berücksichtigt werden.

Betrachten wir die fünf Phasen im einzelnen. Um den Rahmen dieses Buches nicht zu sprengen, beschränken wir uns bei der Behandlung der Periodisierungskonzepte auf eine Einführung. Um Ihren eigenen Periodisierungsplan zu erstellen und umzusetzen, möchte ich Ihnen empfehlen, sich bei erfahrenen Trainern und Sportpsychologen, die mit Ihrer Sportart vertraut sind, Rat zu holen. Jede Sportart ist anders und benötigt einen eigenen, spezifischen Trainingsplan.

Trainingsphase 1: Vorbereitung

Diese Trainingsetappe wird oft als aerobe oder Ausdauerphase bezeichnet. In dieser Phase besteht Ihr Ziel darin, Herz-, Kreislauf- und Muskelausdauer zu entwickeln. Es ist gewöhnlich der erste Schritt in Ihrem Periodisierungsplan, eine starke aerobe Basis aufzubauen. Laufen, Radfahren und Training in anderen Sportarten bilden in dieser Phase den Schwerpunkt des Trainings. Das bedeutet, längere Strecken zu laufen und weniger Wiederholungen, wobei 30 Minuten kontinuierliche Aktivität bei den meisten Sportarten als Minimum für eine Trainingseinheit angesehen werden.
Während dieser Zeit sollte der Sportler an keinen Wettkämpfen teilnehmen. Außerdem ist diese Phase hervorragend geeignet, Technik und Bewegungsablauf zu verbessern oder zu verändern.
Wettkampfabstinenz und der damit verbundene geringe emotionale Streß soll-

ten die Bereitwilligkeit fördern, sich neuen Techniken und taktischen Konzepten zu öffnen. Jetzt ist die ideale Zeit, sich Ziele für die kommenden Wettkämpfe zu setzen, sich mit vergangenen physischen und mentalen Schwächen auseinanderzusetzen, und mit einem Neuaufbau zu beginnen. Zielsetzung, Selbstanalyse und Planung sollten im Mittelpunkt dieser ersten Phase stehen. Die Dauer dieser Phase liegt bei zwei bis vier Wochen.

Trainingsphase 2: Allgemeines Krafttraining

In dieser Phase geht es in erster Linie darum, Kraft für Bewegungen, die spezifisch für Ihre Sportart sind, und Muskeln, die dabei besonders beansprucht werden, aufzubauen. Am Ende dieser Phase sollten in dieser Hinsicht deutliche Fortschritte zu verzeichnen sein. Achten Sie darauf, daß dieser Trainingsabschnitt von einem kompetenten Trainer ausgearbeitet und überwacht wird. Achten Sie hier besonders auf Bereiche, in denen Sie bisher Schwächen gezeigt haben, und auf frühere Verletzungen. Bedenken Sie, daß physische Stärke unbestreitbar der beste Schutz vor Verletzungen ist.
Obwohl dieses allgemeine Krafttraining die physische Komponente des Trainingsprogramms stark in den Vordergrund stellt, sollten auch psychologische Überlegungen berücksichtigt werden. Es ist nicht empfehlenswert, in dieser Zeit an Wettkämpfen teilzunehmen. Vielmehr sollte sie dafür genutzt werden, an Wettkampffertigkeiten zu arbeiten, entschlossenes Handeln und Denken einzuüben, aufmerksam auf Signale des Körpers zu achten, die vor Übertraining warnen, an positiven Selbstgesprächen zu arbeiten usw.
Diese Phase sollte mindestens drei Wochen dauern.

Trainingsphase 3: Schnelligkeit und Schnellkraft

Dieser Trainingsabschnitt wird auch als Vorbereitungsphase auf den Wettkampf bezeichnet. Jetzt geht es darum, Schnelligkeit und Explosivkraft zu entwickeln. Diese Phase ist natürlich besonders wichtig bei Sportarten, bei denen Schnelligkeit gefordert ist. Bei Ausdauersportarten, wie Langstreckenlaufen oder -schwimmen, und Sportarten, wie Golf oder Bowling, für die man keine explosive Schnelligkeit braucht, wird diese Phase weniger betont.
Das Prinzip der Spezifität ist hier jedoch, unabhängig von der Sportart, von großer Bedeutung. Das Training sollte möglichst genau die tatsächlichen physischen und psychologischen Anforderungen der jeweiligen Sportart widerspiegeln. Übungen, die zur Vorbereitung auf einen Wettkampf gehören, Rituale und Fertigkeiten, die entschlossenes Denken und Verhalten ausdrücken, sollten fester Bestandteil des Trainings sein. In dieser Phase, die etwa zwei bis vier Wochen dauert, sollten außerdem unbedingt einige Wettkämpfe bestritten werden.

Trainingsphase 4: Höchstleistung

In dieser Phase besteht das Ziel darin, Höchstleistungen im Wettkampf zu erreichen. Schnellkraft, Kraft und Schnelligkeit werden in optimale Bereiche gebracht, indem der Umfang an Trainingsstreß reduziert wird. Trainingseinheiten sind jetzt zwar von hoher Intensität, aber von kurzer Dauer. Auch in dieser Phase ist das Prinzip der Spezifität von entscheidender Bedeutung.

Die Tage unmittelbar vor dem Wettkampf sollten sowohl physisch als auch emotional weniger Anforderungen und Streß bringen. Ihr Ziel ist, gut erholt, ausgeruht, gierig, begeistert, gesund, motiviert und zuversichtlich in diese Phase einzutreten. Ziele hinsichtlich der Wettbewerbe und Rituale gehören unbedingt in diese Phase.

Die Höchstleistungsphase hält eine bis drei Wochen an, kann aber durch sorgfältiges Einplanen von Erholungspausen vom Wettkampf – z. B. zwei Wochen Wettkampf gefolgt von einer einwöchigen Pause – zeitlich ausgedehnt werden.

Der Sportler sollte das Training während der Hauptwettkampfzeit darauf konzentrieren, seinen gegenwärtigen Fitneßgrad aufrechtzuerhalten. Er sollte in dieser Zeit außerdem streng darauf achten, sich richtig zu ernähren, ausreichend zu schlafen, Spaß zu haben, sich zu entspannen und zu erholen.

Trainingsphase 5: Aktive Erholung

Diese Phase dient dazu, den mit Ihrer Sportart verbundenen physischen und psychischen Streß auf ein Mindestmaß zu reduzieren. Das wird am besten dadurch erreicht, daß man den Sport in dieser Zeit gar nicht ausübt. Diese Phase sollte allein der Erholung dienen.

Es ist natürlich wichtig, sich trotzdem zu einem gewissen Grad fit zu halten, am besten durch Training in anderen Sportarten. Lösen Sie sich physisch und emotional von Ihrer Sportart. Kein Spiel. Kein Training. Kein Wettkampf. Diese Phase sollte sich etwa über zwei bis vier Wochen erstrecken.

Zusammenfassung

Zyklisches Training erfordert mehr Planung, mehr Disziplin und mehr Strategie als einfach das zu tun, was einem gerade einfällt oder im Augenblick vernünftig erscheint. Mentale und physische Höchstleistungen sind nicht einfach zu erreichen und stellen sich selten gerade dann ein, wenn es darauf ankommt. Die Entscheidung, zu welchen Zeiten Sie in Bestform sein wollen, und wann Sie sich erholen, führt zusammen mit der entsprechenden Planung Ihres Trainings wahrscheinlich zu besseren Leistungen, verminderter Verletzungsanfälligkeit und größerer emotionaler Stärke – und zwar gerade dann, wenn es für Sie am wichtigsten ist.

Inzwischen sind die meisten Athleten und Trainer der Überzeugung, daß ein sorgfältig geplantes und durchgeführtes Periodisierungsprogramm hinsichtlich der Weiterentwicklung eines Sportlers unschlagbar ist.

Praktische Übungen zum Mentaltraining

1. Entwickeln Sie einen vollständigen Periodisierungsplan für die nächsten zwölf Monate. Legen Sie auf folgender Basis einen zwölfmonatigen oder zwei sechsmonatige Zyklen fest:

- ❐ Vorbereitungsphase (Aerobisch)
- ❐ Allgemeine Krafttrainingsphase
- ❐ Schnelligkeit und Schnellkraftphase
- ❐ Höchstleistungsphase
- ❐ Aktive Ruhephase

2. Setzen Sie sich für jede Phase spezifische Trainingsziele und halten Sie für jeden Tag schriftlich fest, inwieweit Sie das, was Sie sich vorgenommen, auch durchgeführt haben.

3. Wenden Sie sich bei der Erstellung Ihres Periodisierungsplans an Fachleute. Lassen Sie sich bei der Ausarbeitung der ersten drei Phasen von erfahrenen Konditionstrainern beraten. Bezüglich der beiden letzten Phasen ist es vielleicht angebracht, den Rat von Trainern und Sportpsychologen einzuholen. Arbeiten Sie stets eng mit Ihrem Trainer zusammen.

4. Führen Sie sorgfältig über Ihre Wettkampfergebnisse Buch, um die Auswirkungen Ihres Periodisierungsplans beurteilen zu können.

13.

Angst bewältigen, Disziplin wahren

Der Gefreite Curtis Lanateer, ein neunzehnjähriger amerikanischer Soldat, erwartet im nächtlichen Irak auf einem Beobachtungsposten angespannt den Befehl, in feindliches Gebiet vorzudringen. Es wird seine Feuertaufe sein.

Im Augenblick besteht seine einzige Aufgabe darin, aufmerksam und bereit zu sein, in den Kampf einzugreifen, sollte die irakische Infanterie die Stellung seiner Kompanie angreifen. Als er durch sein Nachtsichtgerät das öde Gelände, das vor ihm liegt, absucht, kommt es ihm plötzlich in den Sinn, daß er vor einem knappen Jahr noch die Schulbank gedrückt hat.

In dem ereignisreichen Jahr in der Armee, das auf seine Schulzeit folgte, entwickelte er sich zu einem ausgezeichneten Schützen und wurde körperlich fit getrimmt. Er hatte sich fest vorgenommen, vorwärtszustürmen, sobald der Befehl dazu erteilt würde – vorwärts in ... er weiß nicht, was, außer, daß es weit gefährlicher sein würde als alles, was er jemals erlebt hat. Ohne bewußt darüber nachzudenken, weiß Lanateer instinktiv, daß dies sehr wohl seine letzte Nacht auf Erden sein könnte. Würde sich der Schuljunge, der er noch vor einem Jahr war, in die gefährliche Nacht hinauswagen? Wohl kaum. Der Schuljunge würde sich, halb verrückt vor Angst, auf dem Boden des Schützengrabens, den seine Einheit besetzt hält, zusammenkauern.

Lanateer wundert sich kurz über die Veränderungen, die mit ihm vorgegangen sind. Er möchte genauso gern am Leben bleiben wie der sorglose Junge von damals, doch er weiß, daß er jetzt Mut und Kraft besitzt, die der Schuljunge nie gespürt hat, nie verstanden hätte. »Disziplin hat diese Veränderung bewirkt«, denkt er, »Disziplin, das Gefühl, stark und zäh zu sein, meine Waffen zu beherrschen, und viele andere Dinge, die mir beim Militär eingeschärft wurden.«

Lanateers bisher schlimmstes Erlebnis kam kurz vor Sonnenaufgang, als eine Granate der irakischen Artillerie nur ein paar Meter neben seiner Stellung einschlug. Der Angriff schien eine Ewigkeit weiterzugehen – in Wirklichkeit waren es weniger als zehn Minuten. Nach einem Gegenangriff der Amerikaner breitet sich Ruhe über der Wüste aus. In der hereinbrechenden Dunkelheit tauchten vereinzelte Leuchtkugeln die mondähnliche Landschaft in grelles Licht. Aus der Nacht dringen immer wieder Maschinengewehrsalven an sein Ohr. Kommen Soldaten wie er durch diese Kugeln gerade ums Leben?

Endlich trifft der Angriffsbefehl ein. Ohne auch nur einen Augenblick zu zögern, springt der junge Gefreite aus seiner Stellung und stürmt mit entsicherter Waffe nach vorn, in die ihm zugeteilte Stellung, rechts von seinem Zugführer. Es wäre ihm nie in den Sinn gekommen, anders zu handeln. Augenblicke später wird seine Einheit in ihr erstes Feuergefecht verwickelt und stürmt, ohne Verluste zu erleiden, weiter nach vorn.

Die Furcht, die der Soldat Lanateer verspürte, als er auf seinen Einsatz wartete, ist die gleiche Emotion, die ein Athlet fühlt, bevor er zum Wettkampf antritt. Der Unterschied liegt nicht in der Art der Emotion, sondern in ihrer Ausprägung: Der Sportler setzt seine Karriere aufs Spiel, der Soldat sein Leben. In beiden Situationen sind mentale und emotionale Stärke nötig, um die Angst zu überwinden und zu effektiver Leistung zu finden. Das dazu notwendige Maß an Stärke kann nur durch systematisches Training erreicht werden.

Was man auch über das Militär denken mag, die Effektivität seines Abhärtungssystems ist unbestritten. Undisziplinierte, ziellose Teenager ohne jeglichen Mumm werden innerhalb von acht Wochen zu Soldaten, die stark genug sind (jedenfalls die meisten von ihnen), sich der ultimativen Angst zu stellen, der Angst vor einem gewaltsamen Tod.

Diese physische und emotionale Wandlung vom ängstlichen Heranwachsenden zum tapferen Soldat in so kurzer Zeit ist erstaunlich, auch wenn man in Betracht zieht, daß die Menschheit militärische Trainingsmethoden in fünftausend Jahren perfektioniert hat. Die Kunst, junge Menschen dazu zu verleiten – oder zu zwingen –, im Krieg ihr Leben aufs Spiel zu setzen, war schon immer das vorrangige Interesse der älteren Männer, die sich schon so lange mit der Kriegführung beschäftigten.

Wäre dieser durchschlagende und rasche Erfolg des Militärs jedoch möglich, ohne hochqualifizierte und absichtlich gemeine Schleifer, die den Rekruten massive und ausgeklügelte Dosierungen an mentalem, emotionalem und physischem Streß verabreichen? Nie und nimmer. Ohne diese Leute könnte das Militär nicht nur keine zuverlässigen, sondern überhaupt keine Soldaten hervorbringen.

Diese Tatsache brachte mich auf die Idee, dieses System genauer unter die Lupe zu nehmen, um vielleicht bewährte Methoden und wertvolle Einsichten hinsichtlich des Entwicklungsprozesses zu Durchsetzungsfähigkeit und Leistungsstärke zu gewinnen. Diese Annahme erwies sich als richtig, obwohl ich, um zu dem brauchbaren Material zu gelangen, erst viele unnütze Aspekte des militärischen Lebens aus dem Weg räumen mußte.

Warum wird beim Militär soviel marschiert?

Seit Tausenden von Jahren marschieren Soldaten in den Kampf, und, obwohl sie heutzutage das Schlachtfeld vermutlich motorisiert erreichen, verbringen Rekruten weiterhin viel Zeit damit, in Reih und Glied zu marschieren. Warum ist dieser Drill immer noch so wichtig für die Ausbildung zum Soldaten?

Interessanterweise werden Schlachten seit der Erfindung des Schießpulvers vor mehreren hundert Jahren nicht mehr in Marschformation ausgetragen. Heute marschieren die Soldaten nicht mehr, sondern rennen, gehen in Deckung, springen in Ein-Mann-Löcher oder stürmen nach vorn. Aufrecht auf den Feind zuzumarschieren ist praktisch Selbstmord. Es ist klar, daß Soldaten in vergangenen Zeiten zwar in die Schlacht, aber nicht während der Schlacht marschiert sind. Märsche gehören in die Zeit zwischen Schlachten. Offensichtlich verleiht diese geordnete Art der Fortbewegung Mut, Selbstvertrauen und Entschlossenheit. Betrachten wir dieses Phänomen doch etwas genauer: Welchen Eindruck erwecken marschierende Soldaten bei einem Außenstehenden? Es bietet sich kein sichtbares Anzeichen von Schwäche. Es ist unmöglich zu wissen, ob einer der Soldaten müde ist, es sei denn, er bricht zusammen. Keine sichtbare Erschöpfung, kein Heruntersacken der Schultern, kein Negativismus, keine Furcht. Man sieht nur völlige Konzentration, Selbstvertrauen, positive Energie und Präzision. Jede Bewegung ist entschlossen und sauber, es gibt keine Schlamperei oder Faulheit. Jeder Atemzug ist im Einklang mit der exakten Bewegung.

Marschieren bietet den Soldaten die Möglichkeit, zu üben, entschlossen zu sein und stark und zuversichtlich auszusehen, egal wie sie sich wirklich fühlen. Dadurch werden sie auf die kommende Auseinandersetzung vorbereitet. Durch Marschieren werden alle wesentlichen Elemente trainiert, die der Angstüberwindung dienen: Disziplin, anhaltende Konzentration, Entschlossenheit und Haltung.

Der Marsch der Champions

Wieso habe ich es nicht früher bemerkt? Alle großen Tennischampions haben zwischen dem Ausspielen der Punkte – zwischen ihren Schlachten – den gleichen Gang wie marschierende Soldaten. Die stärksten von ihnen zeigen den gleichen Fokus, die gleiche Zuversicht, Energie und Präzision wie Soldaten beim Marschieren. Keine Schwächen, nichts Schludriges, nur Stärke. Tennischampions bewegen sich ähnlich wie marschierende Soldaten, um sich Mut zu machen und sich im Griff zu behalten. Ich nenne diese Art inzwischen Matadorgang. Üben Sie, so auszusehen und so zu agieren, wie Sie sich in Wettkampfsituationen fühlen möchten. Denn eine solche nach außen gezeigte Pose macht sich bezahlt – in Form von gewonnenen Matches.

Die Kunst, Disziplin zu formen

Der Übergang vom ängstlichen Jugendlichen zum furchtlosen – oder wenigstens viel selbstbewußteren – Krieger erfolgt als Reaktion auf folgende Anforderungen:

1. Ein strikt festgelegtes Muster, wie man sich unter Streß geben soll. Dazu gehört:
   - Diszipliniertes Reagieren auf Streß.
   - Ein entschlossener und selbstbewußter Gang – Kopf und Schultern gestreckt, Kinn hoch.
   - Unmittelbares und promptes Reagieren auf Kommandos – Zögern wird nicht toleriert.
2. Sichtbare Anzeichen von Schwäche oder negativen Emotionen irgendeiner Art sind als Reaktion auf Streß nicht erlaubt. Der Ausdruck negativer Emotionen ist schlichtweg verboten. So und nicht anders müssen Sie sich geben – egal, wie Sie sich fühlen.
3. Setzen Sie sich regelmäßig hohen Belastungen durch mentalen, emotionalen und physischen Trainingsstreß aus, um Ihre Entwicklung zu Leistungsstärke möglichst zu beschleunigen.
4. Präzise Festlegung und Befolgung von Zyklen hinsichtlich schlafen, essen, trinken und regenerieren, d. h.:
   - Früh aufstehen und früh zu Bett (Licht aus und basta).
   - Regelmäßige Mahlzeiten einschließlich Frühstück – streng festgelegte Zeiten, beschränkte Auswahl an Nahrungsmitteln.
5. Ein rigoroses Fitneßprogramm. Dieser wichtige Punkt umfaßt zwei Komponenten:
   - Aerobisches und nicht-aerobisches Training.
   - Krafttraining.
6. Ein fester Plan für systematische, antrainierte Erholung. Das schließt folgende Punkte ein:
   - Die unter 4. beschriebenen Schlaf- und Ernährungsregeln.
   - Feste Zeiten für Ruhe und Erholung.
   - Zyklen von extremem Streß müssen Zyklen von extremer Erholung folgen.

Unerwünschte Komponenten des militärischen Trainingssystems

1. Der Verlust der persönlichen Identität und der Ersatz durch eine Gruppenidentität (Uniform, kurzer Haarschnitt) passen nicht zu dem Leben außerhalb des Militärs. Ihr Auftreten im zivilen Bereich – meist in Banden – zeugt gewöhnlich von einem stark reduzierten Selbstwertgefühl.

2. Militärische Werte, Fertigkeiten und Überzeugungen finden im Zivilleben kaum Anwendung. Viele, wenn auch nicht alle, militärischen Fertigkeiten (z. B. Drills in geschlossener Ordnung und der Gebrauch schwerer Waffen) sind nur für eine Karriere beim Militär von Nutzen.
3. Blinder Gehorsam ist außerhalb des Miltärs nur selten angemessen. Beim Militär werden Entscheidungen nicht vom einzelnen, sondern vom nächsten Vorgesetzten getroffen. Erfolgreiche Athleten müssen in der schnellebigen Welt des Sports ihre Entscheidungen selbst treffen.
4. Die mangelnde geistige und emotionale Flexibilität, die dem Militär häufig zugeschrieben wird, würde der Karriere eines Athleten, der sich täglich mit den Tücken und raschen Veränderungen des Zivillebens auseinandersetzen muß, gewaltig im Wege stehen.
5. Die erworbene Abneigung gegen jegliche sportliche Betätigung resultiert gewöhnlich aus den Schmerzen und der Eintönigkeit während der Grundausbildung. Während diese überzogene Einstellung manch einen völlig davon abbringt, sich fit zu halten, versuchen andere, den im Militärdienst erreichten Fitneßgrad weiterhin aufrechtzuerhalten.

Die Rolle des unangenehmen Schleifers

Wenn die Generäle gezwungen wären, den verhaßten »Schleifer« aus dem militärischen Trainingsprogramm herauszunehmen, würden sie darauf bestehen, daß sie die Truppen nicht schnell genug in Form bringen könnten. Der Schleifer dient als mächtiger mentaler und emotionaler Streßfaktor. Kein Streß, keine Weiterentwicklung – erinnern Sie sich? Solange die Rekruten den Schleifer bekämpfen, solange ihre Gefühle verletzt werden, sie sich beleidigt und mißbraucht fühlen, eingeschüchtert und wütend sind, sind sie offensichtlich noch nicht stark und belastbar genug. Erst wenn sie in der Lage sind, alle Schikanen gelassen, furchtlos und ungerührt über sich ergehen zu lassen, ist der Adaptationsprozeß abgeschlossen.

Erfahrene Ausbilder sind sehr geschickt darin, Schwächen ihrer Rekruten offenzulegen, und sie folgen stets der gleichen Taktik – sie verabreichen mehr Streß, nicht weniger. Das letzte, was ein erfahrener Ausbilder tun würde, wäre, die schwächeren Rekruten vor Streß zu schützen. Um den Abhärtungsprozeß beim Militär zu beschleunigen, wird zunächst massiver Streß verabreicht und danach Erholung angeordnet.

Eine der entscheidenden Voraussetzungen dafür, in eine Elitetruppe aufgenommen zu werden, ist die Fähigkeit, mit massivem physischen, mentalen und emotionalen Streß fertig zu werden. Je elitärer die Truppe ist, desto massiver ist der Ausbildungsstreß.

Im Sport ist es allerdings höchst unerfreulich, wenn Trainer beschließen, zu unangenehmen Antreibern zu werden, um die Weiterentwicklung des Sportlers zu beschleunigen. Für junge Sportler ist dies besonders tragisch. Das Schreien, Brüllen, die Drohungen und Strafen führen häufig zum Erfolg, jedoch zu einem hohen Preis – dem Athleten wird nach und nach die Freude an seinem Sport genommen. Wenn das geschieht, ist das Spiel zu Ende – vielleicht sogar für immer. Trainer dieser Art gewinnen zwar viele Schlachten, verlieren aber immer den Krieg.

Hier ist eine Anmerkung für alle Sportler, die sich mit einem fehlgeleiteten Trainer herumplagen müssen, der – aus welchen Gründen auch immer – beschlossen hat, die Rolle des Schleifers anzunehmen. Wenn Sie sich, ohne sich darüber im klaren zu sein, in solch einer Situation befinden, werden Sie eines Tages plötzlich feststellen, daß Ihr Interesse, Ihre Motivation und Ihre Begeisterung für Ihren Sport verschwunden sind. In dieser Situation ist der höchste Grad an Bewußtheit das beste Mittel, das Ihnen zur Verfügung steht, um sich die Begeisterung und Liebe zu Ihrem Sport zu erhalten. Lassen Sie sich von keinem Trainer niedermachen. Betrachten Sie den fehlgeleiteten Trainer als Gelegenheit, Ihre Leistungsentwicklung zu beschleunigen, und setzen Sie Grad 1 Ihrer Bewußtheit ein, um zu verhindern, daß der Trainer Ihnen die Lust am Spiel nimmt. Dies wird Ihnen helfen, sich über Drohungen, Mißbrauch und Spott hinwegzusetzen. So können Sie den Trainer auch als das sehen, was er wirklich ist, und verhindern, daß seinetwegen Ihre Einstellung oder Energie ins Negative umschlägt. Sehen Sie die Situation als einmalige Chance stärker, härter und belastbarer zu werden.

Zusammenfassung

Eine wesentliche Komponente sportlichen Erfolgs ist Angstbewältigung. Das ist genau der Punkt, um den es bei der militärischen Ausbildung hauptsächlich geht. Der Unterschied liegt darin, daß es im Sport die Angst ist, zu versagen oder den Erwartungen nicht zu entsprechen, während es beim Militär die Angst vor dem Tod ist. Wenn Sie im Sport verkrampfen, werden Sie wahrscheinlich das Spiel verlieren; in einer militärischen Auseinandersetzung verlieren Sie vermutlich das Leben.

Die emotionalen Veränderungen, die in jungen Rekruten in einer Zeitspanne von zwei bis drei Monaten vor sich gehen, sind bemerkenswert. Die Erkenntnisse, wie junge Soldaten beim Militär dazu ausgebildet werden, die ultimative Angst, die Angst vor dem Tod, zu bewältigen, geben wertvolle Aufschlüsse über entscheidende Aspekte des Entwicklungsprozesses zu emotionaler Stärke. In einem kurzen Trainingsprogramm werden aus furchtsamen, ängstlichen Rekruten furchtlose, mutige Soldaten. Die Grundelemente der militärischen Ausbildung sind einfach, aber wirksam: strikte Regeln über das Verhalten unter Streß; keine sichtbaren Zeichen von Schwäche oder negativen Emotionen irgendeiner Art; mentaler,

emotionaler und physischer Trainingsstreß; regelmäßig angesetzte Erholungszyklen; rigorose Fitneßprogramme; Gelegenheiten zum Erholungstraining.
Viele Aspekte der militärischen Ausbildung sind nicht auf den Sport übertragbar, ich betonte es bereits. Viele Elemente der Grundausbildung liefern jedoch wertvolle Einsichten über den Entwicklungsprozeß zu mentaler, emotionaler und physischer Stärke bei Sportlern. Zum mutigen und furchtlosen Kämpfer zu werden, ist der Schlüssel zum Erfolg auch im sportlichen Wettkampf.

Praktische Übungen zum Mentaltraining

1. Versuchen Sie, wie ein Elitesoldat auszusehen, wenn Sie in Schwierigkeiten sind. Folgen Sie im Training wie im Wettkampf einem strikten Verhaltenskodex. Stellen Sie sich bildhaft vor, wie Sie sich in schwierigen Wettkampfsituationen durchbeißen, indem Sie kein Zeichen von Schwäche, Hilflosigkeit, Angst oder negativen Emotionen zeigen.

2. Geben Sie eine schriftliche Erklärung ab, in der Sie sich verpflichten, sich weder im Training noch im Wettkampf jemals eine Schwäche anmerken zu lassen. Formulieren Sie diese Erklärung so lebendig und emotional wie möglich und führen Sie sich ihren Inhalt vor jedem Training und vor jedem Wettkampf vor Augen. Kein Jammern, kein Klagen, keine negativen Emotionen – egal, wie schlimm es kommt.

3. Nehmen Sie sich vor, niemals, wirklich niemals aufzugeben! Kämpfen Sie bis zur letzten Sekunde und dem letzten Punkt des Spiels.

14.

Physisch stark werden

Sie wissen, welche Emotionen erwünscht sind: sehen Sie den Wettkampf als Herausforderung; empfinden Sie Freude; fühlen Sie sich zuversichtlich, energiegeladen, positiv und entschlossen. Sie kennen auch den Grund dafür – diese Emotionen und die damit verbundenen chemischen Vorgänge erwecken Ihr Talent und Ihr Können zum Leben.

Es gibt zwei grundlegende Trainingsmethoden, durch die Sie lernen können, diese kraftspendenden Emotionen zu steuern. Die erste bezeichne ich als »Training von außen nach innen«, die zweite als »Training von innen nach außen«.

»Außen nach innen« bedeutet die Entwicklung physischer, »Innen nach außen« die Entwicklung mentaler Stärke. In diesem Kapitel befassen wir uns mit dem Training von außen nach innen, d. h. von außerhalb des Körpers nach innen, in Richtung der emotionalen Chemie gehend. Im Kapitel danach werden wir uns auf die zweite Methode konzentrieren.

Wie Sie auf den folgenden Seiten sehen werden, sind für die Entwicklung physischer Stärke vor allem drei Aspekte wichtig:

1. Die körperliche Fitneß zu verbessern
2. Nach außen den Eindruck von Stärke zu vermitteln
3. Gut erholt in den Wettkampf zu gehen.

Lassen Sie uns diese Aspekte im einzelnen betrachten.

Ihre körperliche Fitneß verbessern

Jeder Wettkampf – im physischen, mentalen oder emotionalen Bereich – erfordert Energie, egal wie hart er ist. Wenn die Energie verbraucht ist, ist der Kampf praktisch vorüber.

Kompetente Trainer haben schon immer die Verbindung zwischen Fitneß und Selbstvertrauen sowie zwischen Fitneß und der Fähigkeit, dem Druck standzuhalten, erkannt.

Fitneß ist einfach ein Maß für Ihre Fähigkeit, Energie aufzuwenden und Streß auszuhalten. Je fitter Sie als Sportler sind, desto häufiger und intensiver waren und sind Sie physischem Streß ausgesetzt. Das heißt, daß physische Belastungen und Anforderungen Sie nicht gleich umwerfen.

Größere körperliche Fitneß bedeutet auch, daß Sie über mehr Energie für mentale und emotionale Auseinandersetzungen verfügen. Zunehmende physische Kraft und Ausdauer stärkt außerdem Ihren Glauben an sich selbst. Sie glauben einfach daran, daß Sie die Strecke schaffen können; Sie weigern sich schlichtweg, aufzugeben. Und Sie sind langsam davon überzeugt, daß Sie den Spieß umdrehen und mit allen Schwierigkeiten fertig werden können, die Ihnen Ihr Gegner macht.

Sie müssen sich über folgendes im klaren sein:

> Eine der effektivsten Strategien, die Steuerung Ihres ILZ zu verbessern, liegt darin, sich erhöhtem physischen Streß auszusetzen.

In vernünftigem Umfang erhöhter physischer Streß führt immer zu größerer emotionaler Stärke. Bei einigen Sportlern hat gesteigerte Fitneß erhebliche positive psychologische Auswirkungen.

Aufgrund meiner langjährigen Erfahrungen mit Athleten empfehle ich Ihnen, bei Ihren Bemühungen zu größerer körperlicher Fitneß folgende Prioritäten zu setzen:

Priorität 1

Trainieren Sie Ihre Bauchmuskeln

Vielleicht überrascht es Sie, aber Ihre frontale und seitliche Bauchmuskulatur ist das Zentrum Ihrer Kraft. Schwache Bauchmuskeln und geringe Fitneß gehen Hand in Hand. Probleme mit der Beweglichkeit, Schmerzen im unteren Bereich des Rückens, schlechte Haltung und falsche Atmung können von schwacher Bauchmuskulatur herrühren. Schwache Bauchmuskeln machen Sie anfällig für Verletzungen und untergraben die gesamte Entwicklung zu physischer Stärke.

Athleten sollten jeden Tag mindestens 200 Curl-ups oder modifizierte Sit-ups machen.

Priorität 2

Trainieren Sie Herz und Lunge

In welchem Umfang Sie Herz und Lunge trainieren, sollte von Ihrem Gesamtperiodisierungsplan bestimmt werden. Wichtig ist dabei in erster Linie, daß Herz und Lungen ausreichend belastet werden, um den physischen, mentalen und emotionalen Energieverbrauch auch in langen und harten Wettkämpfen decken zu können.

Können Sie Ihren Kampfgeist aufrechterhalten? Können Sie Energie schnell genug wiedergewinnen? Reicht die Energie für Ihre Muskulatur, Konzentration und für Ihre Emotionen aus? Das Verhältnis von aerobischem zu nichtaerobischem Training wird von den spezifischen Anforderungen Ihrer Sportart bestimmt. Natürlich werden an einen Langstreckenläufer ganz andere Anforderungen gestellt als an einen Quarterback, doch eine gewisse Leistungsfähigkeit muß bei allen Sportlern vorhanden sein. Zu den Sportarten, durch die Sie Herz und Lungen stärken können, gehören unter anderem Laufen, Radfahren, Schwimmen und die Benutzung von Fitneßgeräten, wie Hometrainer und Skilanglaufgerät.

Priorität 3

Trainieren Sie die gesamte Muskulatur

Um Kraft und Ausdauer allgemein zu verbessern, ist es ein Muß, die Muskulatur regelmäßig einem Übermaß an Streß auszusetzen. Natürlich müssen auch hierbei die spezifischen Anforderungen Ihrer Sportart und die Phase Ihres Gesamtperiodisierungsplans, in der Sie sich gerade befinden, berücksichtigt werden. Die Fähigkeit, Kraft aufzubringen und Kraft zu widerstehen, ist eine Hauptkomponente von Belastbarkeit. Gewichte, Hanteln und Kraftmaschinen aller Art dienen dazu, Ihre Körperkraft zu steigern. Es wird in diesem Zusammenhang dringend empfohlen, sich von einem erfahrenen Trainer anleiten und beraten zu lassen. Bedenken Sie außerdem, daß sich verbesserte physische Kraft und Ausdauer automatisch positiv auf die Steuerung Ihres idealen Leistungszustands auswirken.

Priorität 4

Setzen Sie Bereiche, die verletzungsanfällig sind, allmählich steigendem Streß aus

Es ist immer das schwächste Glied, das unter Druck nachgibt – emotional und auch physisch. Wie oft waren Sie schon gezwungen, aufzugeben, weil sich dieselben alten Knöchel-, Knie- oder Schulterprobleme wieder bemerkbar machten? Wie viel Selbstvertrauen können Sie angesichts der Drohung, daß es jederzeit wieder passieren kann, noch aufbringen?

Wenn ein Sportler eine physische Schwachstelle hat, die anfällig für Verletzungen ist, will er diese Stelle instinktiv schützen. Da das schwächere Knie nicht so viel Streß ertragen kann wie das gesunde, besteht die Tendenz, es einfach nicht so stark zu belasten. Das ist genau der Grund, weshalb das schwache Knie irgendwann wieder verletzt sein wird. Um diesen Teufelskreis zu durchbrechen, sind die folgenden beiden Schritte notwendig:

1. Schützen Sie den betroffenen Körperteil in der Zeit unmittelbar nach der Verletzung.
2. Beginnen Sie, wenn die Verletzung abgeklungen ist, den betroffenen Bereich nach und nach stärker zu belasten.

Ein weiterer tragischer Fehler, den Athleten nach einer ernsten Verletzung oder Operation oft begehen, besteht darin, daß sie mit ihren Übungen zur Rehabilitation aufhören, sobald die Verletzung völlig ausgeheilt ist. Man sollte jedoch darauf achten, den verletzten Körperteil belastbarer zu machen als den entsprechenden gesunden. Mit anderen Worten, man muß ihn offensichtlich höherem Streß aussetzen.

Priorität 5

Setzen Sie Ihre Muskeln dem Streß täglichen Stretchings aus

Verletzungen haben unter Umständen verheerende Auswirkungen auf das Selbstvertrauen. Muskelflexibilität spielt eine entscheidende Rolle in jedem Programm zur Vorbeugung von Verletzungen. Besonders wichtig ist Stretching für die unteren Bereiche von Rücken und Hüften, Achillessehnen und Waden, Kniesehnen und Oberschenkel, Leisten, und Schultern. Lassen Sie sich von einem erfahrenen Trainer ein Programm zusammenstellen, das für Ihre Sportart und die Beschaffenheit Ihres Körpers maßgeschneidert ist. Diese Übungen sollten normalerweise nicht mehr als zehn Minuten in Anspruch nehmen und an Ihr übliches Fitneßprogramm angehängt werden.

Den Eindruck von Stärke vermitteln

Physisch stärker zu sein, heißt auch, durch entsprechendes Verhalten und Körpersprache diesen Eindruck zu vermitteln. Wie in Kapitel 3 ausführlich beschrieben, sind großartige Wettkämpfer auch großartige Schauspieler. Da die Art, wie Sie sich fühlen, und die Art, wie Sie sich geben, so eng miteinander verknüpft sind, bezeichne ich das folgende Konzept oft als das erste Gebot mentaler, emotionaler und physischer Stärke:

> Geben Sie sich nach außen hin so, wie Sie sich im Innern fühlen wollen.

Es ist ungemein wichtig, den Kommunikationsprozeß zwischen Ihren Emotionen und den Muskeln Ihres Körpers zu verstehen. Wenn Sie wütend, traurig oder ängstlich sind, werden die Muskeln Ihres Gesichts, Ihrer Schultern, Arme und Beine auf eine emotionsspezifische Art stimuliert. Sie sehen so aus, wie Sie sich fühlen: wütend, traurig, oder ängstlich.

Ausgenommen natürlich, Sie sind ein ausgezeichneter Wettkämpfer und befinden sich gerade auf dem Prüfstand. Ausnahmesportler haben gelernt, den Stimulationsprozeß umzukehren. Um diese, für den sportlichen Erfolg unabdingbare Fähigkeit zu erwerben, bedienen sie sich der selben Übertragungskanäle wie ewige Verlierer. Anstatt jedoch ihren Emotionen zu gestatten, negative Inhalte an die Muskulatur weiterzuleiten, benützen sie ihre Muskeln, um ihre Emotionen in die erwünschte Richtung zu lenken. Diese Tatsache kann auf folgenden Nenner gebracht werden:

> Die Stimulation zwischen Emotionen und Muskeln kann in beiden Richtungen erfolgen.

Als Sportler, der im Wettkampf erfolgreicher werden will, sollten Sie sich die folgenden Erkenntnisse so nachhaltig einprägen, daß Sie niemals vergessen werden, sie während eines Trainings oder Wettkampfs umzusetzen:

1. Die Art, wie Sie gehen, Ihren Kopf und Ihre Schultern halten, und Ihr Mienenspiel stimulieren zielgerichtete ILZ-Emotionen. Ihre Gesichtsmuskeln einfach so zu bewegen, daß sie Kampfgeist anstatt Hilflosigkeit, Spaß anstatt Ärger ausdrücken, kann ausreichen, Ihnen innerlich den Ruck zu geben, der Sie auf die Siegerstraße bringt.
2. Was als vorgetäuschte Emotion beginnt, kann sehr schnell zur echten Empfindung werden – besonders bei geschickten Schauspielern.
3. So zu tun, als ob, löst emotionsspezifische Veränderungen in Ihrem Körper aus.
4. So zu tun, als ob, ist eine antrainierte Reaktion. Je besser sie im Training eingeübt wird, desto leichter ist es, sie im Wettkampf auszulösen.

Indem Sie strikte Regeln für Ihr Aussehen und Ihr Verhalten während des Wettkampfs aufstellen und befolgen, erhalten Sie Kontrolle über diejenigen Gefühle, die der Entfaltung Ihres Talents und Könnens im Wege stehen – Gefühle wie Angst, Frustration, Wut und Verzweiflung. Nehmen Sie sich die wahrhaft Großen wie Michael Jordan oder Wayne Gretzky zum Vorbild und ahmen Sie sie nach. Ihre Körperhaltung vermittelt stets die gleiche Botschaft: Ruhe, Kampfgeist, Energie und Selbstvertrauen. So auszusehen, wie man sich fühlt, verstärkt das gegenwärtige Gefühl. Ändern Sie also Ihren Gesichtsausdruck, wenn Sie mit Ihrem augenblicklichen emotionalen Zustand nicht zufrieden sind.

Gut erholt in den Wettkampf gehen

Die dritte Komponente physischer Stärke besteht darin, völlig erholt zum Wettkampf anzutreten. In den Kapiteln 7 bis 10 wurde ausführlich besprochen, wie wichtig sowohl die Erholung wie die Befriedigung der Bedürfnisse des Real-Ichs sind.
In diesem Zusammenhang möchte ich den nachfolgenden Punkt ausdrücklich betonen:

> Wie talentiert, austrainiert, körperlich fit und mental stark Sie auch sein mögen, es nützt alles nichts, wenn Sie nicht ausreichend erholt sind, um die Energie, die ein Wettkampf erfordert, aufzubringen.

Wenn das Glykogen, das in Ihren Muskeln gespeichert ist, völlig aufgebraucht ist, können sie nicht mehr richtig angespannt werden und keine Energie abgeben. Wenn der Blutzucker in Ihrem Gehirn unter einen bestimmten Punkt absinkt, werden Konzentration und klares Denken unmöglich.
Während meiner langjährigen Arbeit mit Sportlern habe ich gelernt, daß viele Probleme, denen gewöhnlich mentale Ursachen zugeschrieben werden, in Wirklichkeit auf inadäquate Erholung zurückzuführen sind. Um dies zu vermeiden, sollten die nachfolgenden Richtlinien stets befolgt werden:

1. Achten Sie sorgfältig auf Ihre Erholungsgewohnheiten.
Undisziplinierte Sportler, die sich hinsichtlich Schlaf, Ernährung und Entspannung nicht an vernünftige Regelungen halten, brechen unter Druck meist eher zusammen als disziplinierte. Das heißt, daß von zwei Spielern mit den gleichen Fähigkeiten auf lange Sicht immer der diszipliniertere gewinnen wird.

2. Erholen Sie sich vor Ihrem nächsten Wettkampf.
Unternehmen Sie alles, um physisch, mental und emotional gut erholt zu sein, bevor Sie sich dem nächsten Wettkampfstreß aussetzen. Die meisten Wettkämpfe bedeuten Streß in hoher Dosierung. Deshalb ist es unbedingt erforderlich, für ausreichende Erholung zu sorgen.

3. Hüten Sie sich vor niedrigem Blutzucker.
Sorgen Sie dafür, daß Ihr Blutzucker während oder zwischen Wettkämpfen nicht völlig absinkt. Denken Sie daran, oft und leicht zu essen. Komplexe Kohlenhydrate in fester oder flüssiger Form verhindern, daß Sie aufgrund niedrigen Blutzuckers nicht zu Ihrem idealen Leistungszustand finden. Achten Sie streng darauf, daß Sie vor oder in dem Wettkampf keine einfachen Kohlenhydrate, wie Plätzchen, Krapfen, Schokoriegel und Limonaden zu sich nehmen, denn diese Produkte lassen den Blutzucker jäh ansteigen. Dadurch wird die Bauchspeicheldrüse angeregt, so viel Insulin auszuschütten, daß der Blutzucker im Körper wieder rapide absinkt.

Die Notwendigkeit für einen kurzen Imbiß zwischen den Mahlzeiten ist der Grund, weshalb ich unsere Firma gedrängt habe, eine eigene Linie von Energie- und Erholungsprodukten zu entwickeln. Es schien einfach nichts Geeignetes zu geben, das sich vor oder beim Sport leicht und schnell verzehren läßt, wenig Platz einnimmt, lange haltbar ist und wenig Abfall produziert. Harte Waffeln und Energiegetränke machen es dem Sportler leichter, seinen Blutzucker zu stabilisieren.
Richtig eingesetzt bewirken Sportgetränke folgendes:

1. Sie tragen dazu bei, den täglichen Bedarf an Kohlenhydraten zu decken.
2. Sie helfen, den Blutzucker zu stabilisieren.
3. Sie tragen dazu bei, Muskel- und Leberglykogen zu speichern.

Zusammenfassung

Es gehört mehr als mentale Stärke dazu, um ein guter Wettkämpfer zu sein. Das ist nur die eine Voraussetzung dafür, siegreich zu sein. Die andere besteht darin, körperlich fit zu sein, gute schauspielerische Fertigkeiten zu besitzen und gut erholt in den Wettkampf zu gehen. Es ist wichtig, zu verstehen, wie all diese Komponenten untereinander zusammenhängen. Schlaf, Ernährung, Fitneß, Freizeit, entschlossenes Auftreten und emotionale Stärke hängen alle irgendwie zusammen. Die physische Leistungsentwicklung, als Von-außen-nach-Innen-Training bezeichnet, ist eine unerläßliche Komponente für den dauerhaften Erfolg im Wettkampf.

Praktische Übungen zum Mentaltraining

1. Entwickeln Sie ein detailliertes Fitneßtraining, das voll in Ihren Periodisierungsplan für das folgende Jahr integriert werden kann. Dieses Training sollte konkrete Strategien enthalten, um Ihre Bauchmuskulatur, Herz und Lungen, sowie Ihre allgemeine Muskelkraft zu stärken, Verletzungen vorzubeugen und Ihre Beweglichkeit zu verbessern. Es ist unbedingt erforderlich, einen kompetenten Trainer hinzuzuziehen.

2. Trainieren Sie in jeder Übungsstunde Ihre schauspielerischen Fertigkeiten, um Kontrolle über Ihre Emotionen zu erhalten und sie in die richtigen Bahnen zu lenken. Geben Sie sich im Training so, wie Sie sich fühlen wollen, damit es Ihnen im Wettkampf leichter fällt, einen entschlossenen Eindruck zu vermitteln und Zugang zu Ihrem ILZ zu finden.

3. Arbeiten Sie einen detaillierten Plan aus, der gewährleistet, daß Sie völlig erholt zum Wettkampf antreten. Er sollte feste Zeiten für Mahlzeiten, Nachmittagsschläfchen und Nachtschlaf enthalten, und Imbisse und Getränke berücksichtigen, die Ihrer Regeneration förderlich sind.

15.
Mental stark werden

Der ideale Leistungszustand kann auf zwei Arten erreicht werden. Die eine Art besteht darin, durch ein vermehrtes Von-außen-nach-innen-Training physisch stärker zu werden. In Kapitel 14 ist im einzelnen beschrieben, wie durch gesteigerte Fitneß, bessere schauspielerische Fertigkeiten und gezielte Regeneration die Kontrolle über kraftspendende Emotionen schneller erlangt werden kann. Die andere Möglichkeit ist, mental stärker zu werden. Die Verbindung zwischen Gedanken und Emotionen ist offensichtlich. Mental stärker zu werden bedeutet ein verstärktes Von-innen-nach-außen-Training. Dazu muß man lernen, wann, wie und was man vor, während und nach dem Wettkampf denken und visualisieren muß, um den erwünschten emotionalen Effekt hervorzurufen. Mental stark zu sein bedeutet, daß Sie sich Fertigkeiten des Denkens, Glaubens und Visualisierens angeeignet haben, die Sie befähigen,

- ❒ zu jedem Zeitpunkt während des Wettkampfs kraftspendende Emotionen zu aktivieren,
- ❒ sich schnell aus einem negativen emotionalen Zustand in einen positiven zu versetzen,
- ❒ emotional mit Fehlern und Schwächen umzugehen,
- ❒ sich nach Belieben in den idealen Leistungszustand zu versetzen, und
- ❒ sich mit Krisen und Notsituationen auseinanderzusetzen.

Mentale Stärke bedeutet, daß Sie auch unter dem Druck des Wettbewerbs konstruktiv, positiv, und realistisch denken können – und dabei innerlich ruhig sind.

Strategien, um mental stärker zu werden

Athleten dabei zu helfen, mental stärker, belastbarer, flexibler und entschlossener zu werden, war schon immer eine der größten Herausforderungen für einen Trainer. Sportler und Trainer stimmen überein, daß es wesentlich leichter ist, Technik und Fitneß zu verbessern, als mentale Fertigkeiten zu trainieren. Ich habe den Schwerpunkt meiner Arbeit immer darin gesehen, Mentaltraining für Sport verständlich und begreifbar zu machen.
Hier sind meine Strategien, um mental stärker zu werden:

1. Denken Sie anders, um anders zu fühlen

Die Verbindung zwischen Gedanken und Emotionen besteht in beiden Richtungen: Die Art, wie Sie fühlen, beeinflußt Ihr Denken, und die Art Ihrer Gedanken wirkt sich auf Ihre Gefühle aus. Wichtig ist dabei vor allem die Tatsache, daß Sie in der Lage sind, Richtung und Inhalt Ihrer Gedanken zu steuern. Genau aus diesem Grund sind große Wettkämpfer immer auch sehr disziplinierte Denker. Unpräzises, negatives Denken macht die Steuerung des idealen Leistungszustands unmöglich.
Mental starke Athleten haben gelernt, die Kräfte negativer Emotionen durch entschlossenes Denken umzukehren. Wie wir aus Kapitel 3 wissen, dient entschlossenes Denken einfach dazu, diejenigen Emotionen hervorzurufen, die Kräfte in uns freimachen.

Der Versuchung zu widerstehen, negativ zu denken, weil es nun mal den augenblicklichen Gefühlen entspricht, ist keine leichte Aufgabe. Deshalb gelingt es auch so vielen Sportlern nicht, ihr volles Potential auszuschöpfen.

2. Ändern Sie das Bild, wenn Ihnen ein Gefühl nicht paßt

Geistige Bilder sind wesentlich stärkere Auslöser von Emotionen als Worte. Nach diesem Grundsatz lernen Schauspieler, Gefühle darzustellen. Sie führen sich bewußt emotionsgeladene Bilder vor Augen, um die erwünschte Emotion tatsächlich herbeizuführen.
Leistungsstarke Wettkämpfer tun das gleiche. Sie stellen sich ständig bildhaft vor, erfolgreich zu sein, sich aufzubäumen, Spaß zu haben, entspannt zu bleiben, und in schwierigen Lagen Stärke zu beweisen, um dementsprechende Emotionen auszulösen.
Die Fähigkeit, Angst in Angriffslust, oder Enttäuschung in Entschlossenheit umzuwandeln, kann nur durch ausdauerndes Training erworben werden. Das einflußreichste und wichtigste Bild, das Sie in sich tragen, ist Ihr Selbstbild. Arbeiten Sie täglich daran, um es möglichst stark, lebendig und mutig zu gestalten, denn dann wird es Ihnen auch während des Wettbewerbs so vor Augen stehen.

3. Übernehmen Sie die volle Verantwortung dafür, was und wie Sie denken

Sie wissen inzwischen, daß negative Gefühle oft den Zweck erfüllen, auf wichtige unerfüllte Bedürfnisse verschiedener Art aufmerksam zu machen. Des weiteren wissen Sie, daß es während des idealen Leistungszustands keinen Platz für negative Gefühle gibt. Das wirft folgende Frage auf: Beachten Sie die negativen Gefühle und suchen nach unerfüllten Bedürfnissen, oder schieben Sie sie beiseite, um Ihren ILZ nicht zu gefährden? Die Lösung für dieses Dilemma ist folgende:

> Tun Sie alles, um negative Gefühle während des Wettkampfs zu unterdrücken, es sei denn, Sie können sofort eine positive Maßnahme ergreifen, um das zugrundeliegende Bedürfnis zu erfüllen.

Eine der wirksamsten Methoden, negative Gefühle und Gedanken zu unterdrücken, besteht darin, »Stopp« zu sagen und sofort damit zu beginnen, positive Gedanken und Vorstellungen zu entwickeln. Lassen Sie nicht zu, daß negative Gefühle negative Gedanken auslösen. Negatives Denken bringt Sie, wenn es um den sportlichen Erfolg geht, überhaupt nicht weiter.

Sie sind nicht immer für negative Gefühle verantwortlich, doch Sie sind zu jeder Zeit voll verantwortlich für alle negativen Gedanken, die Sie zulassen. Es ist schließlich allein Ihr Kopf, mit dem Sie denken.

4. Hören Sie nie auf, positives Denken zu trainieren

Positives Denken und positives Vorstellungsvermögen werden genauso wie motorische Fertigkeiten erlernt – nämlich durch ständige Wiederholung. Schlampige, unsaubere Techniken schleifen sich ein. Das gleiche gilt für schlampiges, undiszipliniertes Denken. Undiszipliniertes, negatives Denken im Training setzt sich im Wettkampf fort und behindert Sie genauso wie schlampige Techniken. Die richtigen mentalen Gewohnheiten müssen in endlosen Trainingsstunden eingeschliffen werden, damit sie dem Druck und den Enttäuschungen des Wettkampfs standhalten können. Allein darum geht es – weiterhin positiv und konstruktiv zu denken, auch wenn man mit dem Rücken zur Wand steht.

5. Sagen oder denken Sie nie »Ich kann's nicht« oder »Ich hasse«

»Ich kann's nicht durchstehen. Ich kann's nicht aushalten. Ich kann's nicht glauben. Ich kann's nicht durchziehen. Ich kann's nicht schaffen ... Ich hasse mich. Ich hasse meinen Gegner. Ich hasse diesen Platz. Ich hasse den Trainer. Ich hasse Fehler.«

Das alles sind typische Beispiele für ein undiszipliniertes Denken. Daraus entwickeln sich schnell emotionale Barrieren. Dieses unflexible starre Denkmuster führt unweigerlich zu Problemen im Wettkampf.

6. Denken Sie – visualisieren Sie in lebhaften emotionalen Bildern – täglich diese Gedanken:

- »Ich werde mich jeden Tag der Herausforderung stellen.«
- »Ich werde nie aufgeben.«
- »Ich werde mich, wenn ich in Schwierigkeiten bin, nie gegen mich selbst wenden.«
- »Ich werde immer optimal vorbereitet zum Wettbewerb erscheinen.«
- »Ich werde mir keine Schwäche anmerken lassen.«
- »Je verrückter es wird, desto mehr Spaß werde ich haben.«
- »Dabeisein ist wichtiger als Siegen.«

7. Nehmen Sie's mit Humor, um negative Emotionen zu stoppen

Wenn Sie verrückte, ausgeflippte, alberne, lustige, ungewöhnliche Gedanken denken, lösen sich Angst und Wut in Luft auf. Wenn Sie von Emotionen überwältigt werden, kriegen Sie sich durch innerliches Lachen wieder unter Kontrolle. Bringen Sie Humor ins Spiel, wenn Sie spüren, daß die Spannung im Team zu groß wird. Denken Sie an etwas, das Sie innerlich zum Lachen bringt.

8. Denken Sie energischer

Energie ist alles, und einen hohen Grad an positiver Energie zu erreichen ist der Schlüssel zum Sieg. Setzen Sie während des Wettkampfs einen positiven Energiefluß in Gang, indem Sie energischer denken. Der Gedanke »Es macht Spaß« löst unmittelbar den Fluß positiver Energie aus. Denken Sie oder sagen Sie laut:
»Ich liebe es!«
»Ja!«
»Soll das großer Druck sein, oder was?«

9. Lernen Sie, Ihren Fokus im Wettkampf ausschließlich auf die augenblickliche Situation zu richten

Hier ist eines der größten Geheimnisse sportliche Spitzenleistungen betreffend: Durch die Konzentration des mentalen Fokus auf die augenblickliche Spielsituation kommen Talent und Können viel müheloser und leichter zur Geltung. Ein gegenwartszentrierter Fokus ist, besonders in kritischen Spielszenen, eine Grundvoraussetzung, um unter Druck gut spielen zu können. Wenn Sie während des Wettkampfs über die Zukunft nachdenken, werden Sie von Furcht, wenn Sie sich mit der Vergangenheit beschäftigen, von Wut und Frustration übermannt. Üben Sie in Training und Wettkampf, sich ausschließlich auf die momentane Situation zu konzentrieren.
Setzen Sie den Grad 1 der Bewußtheit ein, um den Lernprozeß zu beschleunigen (siehe Kapitel 11).

10. Richten Sie in kritischen Spielsituationen Ihre Aufmerksamkeit nach außen

Häufig kommt es deshalb zu Verkrampfung, weil die Aufmerksamkeit zu sehr nach innen gerichtet wird. Bewußtheit ist eine Sache – Befangenheit jedoch eine andere. Je mehr Sie aus Ihrem Kopf herauskommen können und von den Aktionen des Spiels vereinnahmt werden, desto besser werden Sie spielen.

Wird der Fokus vor entscheidenden Aktionen auf ein klar definiertes Ziel gerichtet, entsteht eine ausschließlich auf das Ziel gerichtete externe Konzentration, die bei den meisten Athleten zu einer Leistungssteigerung führt. Natürlich erfordert es ausdauerndes Training, um zu lernen, die Aufmerksamkeit auch in schwierigen Situationen unter Kontrolle zu behalten, da Aufmerksamkeit in hohem Maße von Emotionen beeinflußt wird.

Negative Emotionen verhindern, daß man in Schwung kommt, und das wirkt sich wiederum negativ auf die Aufmerksamkeit aus. Indem Sie Ihre Aufmerksamkeit von den falschen auf die richtigen Ziele lenken, halten Sie negative Emotionen in Schach und versetzen sich in die richtige Wettkampfstimmung. Auch hier sind der Grad 1 Ihrer Bewußtheit und ausdauerndes Training von Vorteil.

11. Trainieren Sie unermüdlich strategisches Visualisieren

»Sehen«, »hören« und »fühlen« Sie, wie Sie Ihre Schwächen überwinden und wichtige Ziele erreichen. Erleben Sie Sieg und Erfolg mental, bevor Sie sich physisch der Herausforderung stellen. Nehmen Sie Spiegel, Fotos und Videoaufnahmen zu Hilfe, um die Genauigkeit der mentalen Bilder, die Sie von Ihren Aktionen haben, zu erhöhen. Gehen Sie im Geiste komplizierte Bewegungsabläufe und Techniken durch, die Ihnen im Training und im Wettkampf Schwierigkeiten bereiten. Das Trainieren einer Fertigkeit wird durch die Kombination mit Visualisierung wesentlich effektiver.

Denken Sie daran, daß Visualisierung am besten wirkt, wenn Sie sich in einem Zustand tiefer Ruhe und Entspannung befinden (siehe Kapitel 16). Außerdem sind viele kurze Sitzungen (5 bis 10 Minuten) besser als ein oder zwei lange.

12. Denken Sie diszipliniert, wenn Sie Ihre Fehler beurteilen

Wenn Sie Angst vor Fehlern haben, werden Sie Fehler machen. Wenn Sie Angst vor der Niederlage haben, werden Sie verlieren. Zu spielen, um nicht zu verlieren und keine Fehler zu machen, hemmt und wirkt sich extrem negativ auf die Leistung aus. Ihre Einstellung zu Fehlern beeinflußt Ihren emotionalen Zustand vor und im Wettkampf. Hier ist

die positive Art, sich mit Fehlern auseinanderzusetzen:
»Fehler sind ein notwendiger Bestandteil des Lernprozesses. Keine Fehler – kein Lernfortschritt. Ich werde bei meinen Fehlern furchtlos und aggressiv sein. Ich werde nicht verhalten oder auf Sicherheit spielen, und ich werde nicht nach Ausreden suchen. Ich werde aufs Ganze gehen und dranbleiben, egal, was passiert. Ich habe keine Angst vor Fehlern, sondern ich lerne aus ihnen.«
Stellen Sie sich nach einem bitteren Fehler die folgenden Fragen und spielen Sie danach weiter:

1. Was hätte ich anders machen können oder sollen?
2. Was kann ich daraus lernen?
3. Welche Lehren kann ich daraus für die Zukunft ziehen?

Treffen Sie, nachdem Sie diese Fragen beantwortet haben, die bewußte Entscheidung, die Angelegenheit auf sich beruhen zu lassen.

13. Nehmen Sie sich vor Beginn des Wettkampfs die Verpflichtung ab, alles zu geben

Ohne die ausdrückliche Verpflichtung, zu kämpfen, werden Sie es wahrscheinlich nicht tun. Es ist einfach zu schmerzhaft und erfordert zu viel Energie. Warum trete ich überhaupt an? Was mache ich eigentlich hier? Wie wichtig ist mir dieser Wettbewerb? Bin ich bereit, mich emotional hundertprozentig einzusetzen? Werde ich das Risiko eingehen, mein Bestes zu geben, und trotzdem zu verlieren?

14. Benützen Sie Fehlschläge, um stärker zu werden

Die Art, wie Sie mit Fehlschlägen und Krisen umgehen, bestimmt weitgehend, welche Auswirkungen sie auf Sie haben. Jede Krise bietet die Möglichkeit, an ihr zu wachsen, sich weiterzuentwickeln, seine Grenzen zu erweitern. Es ist ein wesentlicher Bestandteil emotionaler Stärke, mit Schwierigkeiten richtig umgehen zu können. »Schwierigkeiten sind Streß. Gib mir Streß, denn nur so werde ich stärker.«

15. Rufen Sie sich immer wieder ins Gedächtnis, daß Sie den Kampf lieben

Lieben Sie den Kampf, das Mobilisieren der Kräfte, das Vorwärtsdrängen, das Zurückfallen, das Aufbäumen. Den Sieg zu lieben ist einfach, doch den Kampf zu lieben bringt Sie einen gewaltigen Schritt nach vorn. Diese Einstellung wird möglich, weil Sie sie möglich machen.

16. Brechen Sie durch positive »Gehirnwäsche« mit negativen mentalen Gewohnheiten

Durch Ihre Umwelt werden Sie ständig konditioniert, negative Denk- und Verhaltensgewohnheiten zu entwickeln.

Dieser Konditionierungsprozeß ist sehr wirksam. Deshalb entwickeln so viele Athleten negative mentale Gewohnheiten. Negative Selbstgespräche und alle Arten negativen Denkens: »Ich kann das nicht ... ich kann jenes nicht ... ich hasse das ... ich hasse jenes ...« usw.

Wenden Sie auch hier den Grad 1 der Bewußtheit an, um negative mentale Gewohnheiten zu identifizieren, die Ihnen im Sport schaden, und beginnen Sie mit dem Prozeß positiver »Gehirnwäsche«.

Nehmen wir an, Sie seien ein Golfspieler und hätten im Laufe der Zeit eine Abneigung gegen das Einlochen entwickelt. Ihre Gedanken sehen folgendermaßen aus: »Ich bin ein miserabler Putter. Ich hasse es. Ich habe einfach kein Gefühl dafür. Wegen dieses blöden Puttings werde ich es nie zu etwas bringen.«

Positive »Gehirnwäsche« umfaßt folgende Schritte:

1. Schreiben Sie Schilder, auf denen »Ich liebe Putting« steht, und hängen Sie sie überall auf: am Kühlschrank, am Spiegel im Badezimmer, am Handschuhfach Ihres Wagens, so daß Sie, wohin Sie auch sehen, daran erinnert werden, daß Sie das Putting jetzt lieben.
2. Schreiben Sie einen Monat lang jeden Tag fünfundzwanzig mal »Ich liebe Putting«. Sagen Sie es sich außerdem jedesmal mit Überzeugung vor.
3. Sagen Sie jedesmal, wenn Sie bei einem Spiel ans Grün kommen, »Ich liebe Putting«, und lächeln Sie danach.

Es dauert etwa zwanzig bis dreißig Tage, bevor neue mentale Gewohnheiten Form annehmen. Obwohl dieser Prozeß etwas albern wirken mag, ist er doch bemerkenswert effektiv. Sie können dieses Grundschema bei einer Vielzahl negativer mentaler Gewohnheiten anwenden.

17. Ausnahmsweise

Benützen Sie diese Methode, um einige Ihrer Gewohnheiten zu ändern. Hier sind einige Beispiele von »Ausnahmsweise«-Vorsätzen:

1. »Ausnahmsweise werde ich heute alle Probleme, die sich mir in den Weg stellen, als Herausforderung betrachten. Für heute bin ich Weltmeister im Problemlösen.«
2. »Ausnahmsweise werde ich heute den Kampf lieben. Ich kann selbst dafür sorgen, daß mir das Spiel Spaß macht. Ich nehm's, wie es kommt. Keine Beschwerden!«
3. »Ausnahmsweise werde ich heute meine gymnastischen Übungen machen, vernünftig essen und richtig trainieren. Über Selbstdisziplin finde ich das Selbstvertrauen, das ich suche.«
4. »Ausnahmsweise übernehme ich heute das Kommando über meine Gefühle. Ich bin doch nicht der Sklave meiner Emotionen.«
5. »Ausnahmsweise nehme ich mir heute einmal Zeit zum Ausspannen und Nichtstun. Entspannung ist ein wesentlicher Bestandteil des Trainings.«

6. »Ausnahmsweise mache ich mir für heute einen Plan, nach dem ich mich richte. Das tut sowohl meiner Konzentration wie meiner Organisation gut.«
7. »Ausnahmsweise sage ich heute einmal nicht ›Ich habe keine Zeit‹. Wenn ich Zeit brauche, dann nehme ich sie mir.«
8. »Ausnahmsweise werde ich mich heute über meine Fehler amüsieren. Wenn ich innerlich lächeln kann, habe ich alles unter Kontrolle.«
9. »Ausnahmsweise werde ich heute einmal mein Bestes geben. Ich werde mit meiner Leistung zufrieden sein.«
10. »Ausnahmsweise werde ich heute im Training die einfachen Übungen besonders gut machen. Es sind die Kleinigkeiten, auf die es ankommt.«
11. »Ausnahmsweise werde ich heute fest daran glauben, daß ich etwas ändern kann, und daß ich meine Welt unter Kontrolle habe.«
12. »Ausnahmsweise kann ich heute frei entscheiden.«

Zusammenfassung

Mentale Stärke spielt bei der Steuerung des idealen Leistungszustands eine wichtige Rolle. Sie besteht aus erlernten Fertigkeiten in positivem Denken, Humor, Problemlösen, entschlossenem Denken, Visualisieren und fester Überzeugung. Mentaltraining ist ein Training, das sich von innen nach außen vollzieht, das Athleten helfen soll, unter Druck mental flexibler, stärker und belastbarer zu werden. In diesem Kapitel sind siebzehn Trainingsstrategien aufgezeigt, durch die der Entwicklungsprozeß zu mentaler Stärke beschleunigt werden kann:

1. Denken Sie anders, um anders zu fühlen.
2. Ändern Sie das Bild, wenn Ihnen ein Gefühl nicht paßt.
3. Übernehmen Sie die volle Verantwortung dafür, was und wie Sie denken.
4. Hören Sie nie auf, positives Denken zu trainieren.
5. Sagen Sie nie »Ich kann's nicht« oder »Ich hasse«.
6. Denken Sie – visualisieren Sie in lebhaften emotionalen Bildern – Gedanken, die Ihnen Kraft geben.
7. Nehmen Sie's mit Humor, um negative Gedanken zu stoppen.
8. Denken Sie energischer.
9. Lernen Sie, Ihren Fokus im Wettbewerb ausschließlich auf die augenblickliche Situation zu richten.
10. Richten Sie in kritischen Spielsituationen Ihre Aufmerksamkeit nach außen.
11. Trainieren Sie unermüdlich strategisches Visualisieren.
12. Denken Sie disziplinierter, wenn Sie Ihre Fehler beurteilen.
13. Nehmen Sie sich vor Beginn des Wettkampfs die Verpflichtung ab, alles zu geben.
14. Benützen Sie Fehlschläge, um stärker zu werden.

15. Rufen Sie sich immer wieder ins Gedächtnis, daß Sie den Kampf lieben.
16. Brechen Sie durch positive »Gehirnwäsche« mit negativen mentalen Gewohnheiten.
17. »Ausnahmsweise«.

Praktische Übungen zum Mentaltraining

1. Wählen Sie aus den siebzehn Strategien die beiden aus, die sich auf die schwächsten Punkte Ihrer mentalen Stärke beziehen. Beginnen Sie sofort, diese Strategien mit aller Energie und Hingabe, die Sie aufbringen können, einzusetzen.

2. Wählen Sie, nachdem die ersten beiden Strategien gewirkt haben, zwei weitere aus, die für Ihre Bedürfnisse wichtig sind. Fahren Sie in dieser Weise fort, bis Sie sich alle Fertigkeiten mentaler Stärke angeeignet haben.

16.

Training der Gehirnwellen

Ihr Gehirn erzeugt ständig Wellen. Frequenz und Amplitude können mit dem EEG gemessen werden. Alles, von der Konzentration bis zur Angst, von der bildhaften Vorstellung bis zur Entspannung, hängt direkt mit dieser Gehirnwellenaktivität zusammen.

Ihr idealer Leistungszustand ist direkt mit einem bestimmten Muster neurologischer Erregung verbunden. In diesem Kapitel werden wir uns damit beschäftigen, wie durch ein besseres Verständnis der Arbeitsweise des Gehirns die Fähigkeit zu Konzentration, Visualisierung und Entspannung verbessert werden kann.

Blick in die Zukunft

Stellen Sie sich vor, Sie sind ein hochrangiger Tennisspieler, und in drei Wochen findet Ihr wichtigstes Turnier des Jahres statt. Sie beginnen heute mit Ihrem normalen mentalen Vorbereitungsprogramm. Dreißig Minuten pro Tag über den Zeitraum von drei Wochen sind völlig ausreichend. Das Programm wirkt Wunder: Es bewahrt Sie vor Nervosität und versetzt Sie in die Lage, gerade dann, wenn es darauf ankommt, zu Hochform aufzulaufen. Es ist zwar ein bißchen langweilig, aber es macht sich bezahlt.

Sie nehmen Platz, beugen sich nach vorn, und beginnen, Schalter zu betätigen: Computerverbindung, Mikroprozessor und Videoterminal. Sie bestreichen die sechs Kontakte mit Gel und stülpen die Haube des EEG über den Kopf. Sie geben über die Tastatur zwei Befehle ein, und plötzlich tut sich etwas auf dem Farbmonitor vor Ihnen. Sie verändern den Sitz der Haube etwas, bis alle Verbindungen zum Computer hergestellt sind, und o Wunder da ist es – Ihr lebendiges, atmendes Gehirn starrt Sie an.

Rechte Seite, linke Seite, vier Quadranten und Farben – eine Menge Farben. Sie beginnen mit einem EEG-Scan, um die Basisdaten zu erhalten. Die hochfrequenten Betawellen in beiden Hirnhälften überraschen nicht, da Sie seit der Nachricht über den Gesundheitszustand Ihrer Mutter vor zwei Tagen unter großem Streß stehen. Der heutige Tag bringt eine große Herausforderung für Sie. Wenn man bedenkt, wie nervös und kribbelig Sie heute sind, wird es Ihnen wahrscheinlich sehr schwerfallen, Ihr ILZ-Muster auch nur für kurze Zeit zu erreichen, zumal Sie seit fast zwei Monaten nicht mehr an dem EEG-Trainingsgerät geübt haben.

Sie fangen an. Sie werden durch ständiges audiovisuelles Feedback darüber informiert, wann sich Ihre Hirnwellenaktivität in Richtung des erwünschten ILZ Musters verändert oder sich davon entfernt. Informationen über Beta-, Alpha-, Theta- und Deltawellen in beiden Hirnhälften fließen ununterbrochen über den Bildschirm.

Bei Frequenzen zwischen 14 und 40 Hertz wird der Kanal für Betawellen aktiviert, 8 bis 13 Hertz bedeuten Alpha-, 4 bis 7 Theta- und Frequenzen unter 4 Hertz Deltawellen. Nach all dem Mentaltraining, das Sie hinter sich haben, wissen Sie genau, welcher emotionale Zustand mit welchem Frequenzbereich einhergeht. Die hochfrequenten Betawellen bedeuten, besonders wenn sie in der linken Hirnhälfte auftreten, Streß – Sie sind zappelig, nervös, gereizt, grantig, verunsichert. Alles, was Sie nicht brauchen.

Unglücklicherweise ist das genau der Bereich, in dem Sie sich augenblicklich befinden. Betawellen, so weit das Auge reicht. Im Alphabereich fühlen Sie sich frei, entspannt, leicht, stehen aber mit beiden Beinen auf dem Boden. Bei Thetawellen schweben Sie irgendwo da draußen, schläfrig entrückt, umringt von bunten Bildern. Delta ist Limbo, Schlaf, Vergessen.

Es bedurfte mehrerer gestellter Wettkämpfe und neuester Technologien, um auf dem Platz Ihr ILZ-Muster aufzuzeichnen, doch jetzt ist es im Computer gespeichert. Da jeder Mensch etwas anders ist, sind Standardprogramme nicht besonders effektiv, doch Ihres ist maßgeschneidert.

Nach neun Minuten und fünfzehn Sekunden stellen sich die ersehnten Frequenzen endlich langsam ein. Ihnen ist zwar nicht ganz klar, wie und warum sich Ihre Gehirnwellen verändern, wenn Sie auf sie Einfluß nehmen, aber das Feedback beweist, daß sie sich dem richtigen Bereich nähern. Nach zehn oder mehr Sitzungen werden Sie langsam richtig gut.

Genau elf Sekunden! Der Monitor leuchtet auf, ein harmonischer Gesang ertönt. Die ILZ Light- und Sound-Show hat endlich begonnen. In Ihrem Fall liegt der ILZ genau am Übergang von Beta zu Alpha – 12 bis 14 Hertz, synchron in beiden Hirnhälften.

Während der nächsten zehn Minuten versuchen Sie, das ILZ-Muster aufrechtzuerhalten. Heute fällt es Ihnen jedoch schwer. Zu viel persönlicher Streß und zu wenig Übung. Doch jetzt, da die erste Hürde genommen ist, können Sie loslegen. Als nächstes machen Sie einen Abstecher in Ihren Thetabereich. Jetzt müssen Sie nur aufpassen, daß Sie nicht einschlafen.

Sie sagen sich, »Laß dich treiben, emporheben, schweben«. Allmählich werden Ihre Hirnwellen langsamer. Als Ihre Augen geschlossen sind, kündigt ein Ton an, daß Sie schließlich im Thetabereich angelangt sind. Die Programmierphase beginnt – in Ihrer eigenen Stimme aufgezeichnete Botschaften dringen über den Kopfhörer an Ihr Ohr. »Du liebst den Wettkampf, hast Spaß daran. Du bleibst auch in kritischen Situationen ruhig und entspannt.«

So geht es weiter. Sie hören alles, was wichtig für Sie ist, genau zum richtigen Zeitpunkt – während Sie sich im Thetabereich befinden. Sie haben keine klare Vorstellung, wie und warum es funktioniert, nur, daß es funktioniert. Sie haben die Erfahrung gemacht, daß Sie Informationen – welcher Art auch immer –, die Ihr Gehirn erreichen, während Sie sich im Thetabereich befinden, im Gedächtnis behalten. Dies ist die günstigste Frequenz, um sich Problemen mit den Nerven, mit Selbstvertrauen, Konzentration und negativem Denken zu widmen. Der ganze Vorgang setzt Sie noch immer in Erstaunen.

Die letzten sieben Minuten verbringen Sie damit, Spielzüge, die Sie sich für das kommende Turnier vorgenommen haben, im Geist durchzugehen. Wiederholtes Visualisierungstraining während langsamer Gehirntätigkeit (Alpha-Theta) hat die Entwicklung Ihrer Wettkampffertigkeiten ohne jeden Zweifel beschleunigt.

Nach einunddreißig Minuten und elf Sekunden Ihres Mentaltrainings beginnen Sie, die Geräte abzuschalten. Sie sind wieder da.

Science-fiction oder Realität?

Die eben beschriebene Szene ist keine Fiktion. Sie stammt aus unserer Zeit. Die heutige Technologie erlaubt uns, bis auf ein Hundertstel Mikrovolt genau zu messen. Das ist ein Millionstel Volt!

Wenn man bedenkt, daß es heute möglich ist, die Aktivität eines einzelnen Neurons im Gehirn auszumachen, wird es klar, daß seit den ersten Biofeedbackgeräten in den siebziger Jahren enorme Fortschritte gemacht worden sind. Die neue Ära des Gehirnwellentrainings wird EEG-Neurofeedback genannt. Diese Methode wird zur Zeit in den verschiedensten Forschungsbereichen angewandt:

- ❐ Um Kindern zu helfen, die Probleme mit der Aufmerksamkeitsspanne haben;
- ❐ um Personen zu helfen, die negativen emotionalen Folgen traumatischer Erlebnisse (Vergewaltigung, emotionaler Verlust) zu überwinden;
- ❐ um Vietnamveteranen zu helfen, das emotionale Trauma des Krieges zu überwinden,
- ❐ um Personen nach schweren Kopfverletzungen bei der Rehabilitation zu helfen.

Die Arbeit von Lubar, Everly, Keltner und anderen verspricht vielfältige Anwendungsmöglichkeiten der EEG-Neurofeedback-Technologien in der Zukunft. Eine vielversprechende Untersuchung wurde von Dr. Eugene Peniston mit Alkoholikern und Drogenabhängigen durchgeführt. Seine Erfolgsquoten bei dem Bemühen, durch die Behandlung mit Hilfe dieser Technologien von der Abhängigkeit loszukommen, sind unerreicht.

Die Anwendung von EEG-Neurofeedback im sportlichen Bereich steckt noch in den Kinderschuhen, doch die vorläufigen Ergebnisse sind sehr vielversprechend. Verschiedene Wissenschaftler beschäftigen sich inzwischen intensiv mit den speziellen neurologischen Mustern, die während Höchstleistungen auftreten.

Was können Sie jetzt bereits tun?

Obwohl die Kosten für diese Geräte schnell sinken, wird es noch eine ganze Weile dauern, bevor diese Technologie allgemein zugänglich ist. Aber auch ohne große Ausrüstung kann eine ganze Menge getan werden. Aus jahrelangen Forschungen hervorragender Wissenschaftler auf den Gebieten Visualisierung, Entspannung, Konzentration und Biofeedback, aus meiner zwanzigjährigen Arbeit und Erfahrung mit Sportlern und aus neuesten Erkenntnisse der EEG-Neurofeedbackforschung ergeben sich einige Anregungen dafür, was Sie bereits jetzt tun können.

Machen Sie regelmäßig Entspannungsübungen

Ihr Ziel besteht darin, zu lernen, Ihre Hirnwellentätigkeit auf Kommando zu verlangsamen. Die meisten Konzentrations- und Wettkampfprobleme beruhen auf übermäßiger neurologischer Erregung (die Wellenmuster sind zu schnell). Druck, Nervosität, Angst, Wut und Frustration tragen dazu bei, die Frequenz der Hirnwellen zu erhöhen. Atmungskontrolle, Meditation, Yoga, beruhigende Musik und progressive Muskelentspannung sind bewährte Mittel, um in niedrigere Frequenzbereiche zu gelangen.

Progressive Muskelentspannung ist bei Sportlern besonders beliebt. Die Übungen bestehen lediglich darin, bestimmte Muskelgruppen systematisch anzuspannen und wieder zu entspannen. Das bewußte Entspannen von Muskeln ist mit allgemeiner Entspannung gekoppelt. Die Abnahme der Muskelspannung wird gewöhnlich von einer Senkung der Hirnwellenfrequenz begleitet. Die EEG-Forschung hat gezeigt, daß es durch ständige Übung leichter wird, die Gehirnwellen gezielt zu verlangsamen.

Absolvieren Sie täglich ein Visualisierungstraining

Lernen Sie, sich Dinge so lebhaft vorzustellen, daß Sie sie tatsächlich hören, sehen, fühlen und berühren können. Dies stellt für jeden Sportler eine unerläßliche Fertigkeit dar, die nur durch ausdauernde Übung erworben werden kann. Ihr Gehirn ist nicht in der Lage, eine lebhafte bildliche Vorstellung von der Realität zu unterscheiden. Große Wettkämpfer sind stets auch Meister im Visualisieren. Sie haben gelernt, sich im Geist in die Zukunft zu versetzen und lange vor dem eigentlichen Wettkampf

»zu sehen«, wie sie große Ziele verwirklichen. Mental und emotional gut vorbereitet zu sein ist beinahe gleichbedeutend mit Visualisierungstraining.

Visualisierungstraining ist am effektivsten, wenn es in völliger Entspanntheit durchgeführt wird

Wenn Eugene Peniston und andere Wissenschaftler mit ihrer Theorie recht haben, sind Autosuggestion und Visualisierung am wirksamsten, wenn sie bei niedrigen Hirnwellenfrequenzen stattfinden. Die meisten Menschen bezeichnen ihre Empfindungen im Thetabereich als einen traumähnlichen Zustand, der kurz vor dem Einschlafen auftritt.

Eine Erklärung dafür, daß die Assimilation von Informationen in niedrigen Frequenzbereichen soviel reibungsloser abläuft, mag darin liegen, daß die rationalen, logischen Filter inaktiviert worden sind. Kritisches, logisches, rationalisierendes Denken tritt in erster Linie dann auf, wenn die dominante Hirnhälfte sehr aktiv ist.

In entspanntem Zustand nimmt Ihr Gehirn Material, das normalerweise zurückgewiesen würde, viel bereitwilliger auf. Im normalen, eher rationalen Bewußtseinszustand werden anfeuernde Aussagen wie »Ich bin stark und selbstbewußt« vielleicht ohne Zögern zurückgewiesen, weil sie – logisch betrachtet – trivial, irrational, oder einfach nicht wahr sind.

Visualisieren Sie, wie Sie Ihre größten Schwächen überwinden

Ob Angst, Schwäche, Schroffheit, Negativismus oder Ungeduld – attackieren Sie Ihre Schwächen an vielen Fronten, doch versäumen Sie unter keinen Umständen, sich Ihre Erfolge auf diesem Gebiet immer und immer wieder in möglichst lebendigen, lebensnahen Bildern vorzustellen.

Sie finden, Sie müßten unter Druck aggressiver und entschlossener sein? Stellen Sie sich in möglichst lebendigen Bildern vor, wie Sie es während des Wettkampfs tatsächlich sind. Kreieren Sie in Ihrer Phantasie schwierige Situationen und »sehen« Sie, wie Sie sich entschlossen durchsetzen und zu Ihrer Bestform finden. »Zuzusehen«, wie die Veränderungen vor Ihrem geistigen Auge Wirklichkeit werden, ist ein entscheidender Schritt in dem Bemühen, Schwächen in Stärken umzuwandeln.

Spielen Sie im Zustand tiefster Entspannung ein Tonband mit sorgfältig ausgewählten Botschaften

Eines Tages wird die Wissenschaft vielleicht eine Verbindung zwischen dem Thetabereich und dem mysteriösen Phänomen der Hypnose entdecken. Könnte es sein, daß hypnotisiert zu werden nichts anderes bedeutet, als in einen Frequenzbereich der Gehirnwellen zu gelangen, der Theta genannt wird? Haben Menschen, die leicht zu hypnotisieren sind, besser als andere gelernt, hohe

Konzentrationen von Thetawellen hervorzurufen? Logik legt einen Zusammenhang sicher nahe.
Wie dem auch sei, aus meiner Erfahrung mit Athleten – und der anderer Sportpsychologen – deutet alles darauf hin, daß während tiefer Entspannung vom Band abgespielte Botschaften von großem potentiellen Wert sind. Positive Bekräftigungen, positive Suggestionen und Bilder, die während niederfrequenter Gehirntätigkeit präsentiert werden, können auf aufregende Weise persönliche Veränderungen beschleunigen.
Verlangsamte Gehirnaktivitäten und besonders Thetafrequenzen können Zugang zu unter- und unbewußten Informationen verschaffen, die unter normalen Umständen unerreichbar wären. Plötzliche Einsichten sind im Zustand tiefer Entspannung nicht ungewöhnlich. Deshalb werden Theta- und Deltawellen inzwischen auch als »die heilenden Frequenzen« bezeichnet.

Trainieren Sie, sich zu konzentrieren

Sich zu konzentrieren bedeutet nichts anderes, als seine Aufmerksamkeit ganz auf das zu richten, was wichtig ist, und alles unwichtige beiseitezuschieben. Untersuchungen haben ergeben, daß Kinder mit Aufmerksamkeitsproblemen oft nicht in der Lage waren, über den Frequenzbereich von Alpha und Theta hinauszukommen und über längere Zeit Betawellen zu produzieren.
Es ist erwiesen, daß intensive Konzentration mit ganz spezifischen neurologischen Erregungszuständen einhergeht. Je intensiver Sie trainieren, die notwendigen Frequenzen auszulösen, desto besser wird Ihre Konzentrationsfähigkeit werden. Ärger, Angst und Frustration beeinträchtigen die Konzentration, da diese Emotionen neurologische Erregung steigern. Depression, Niedergeschlagenheit und geringe Motivation wirken sich aus genau dem entgegengesetzten Grund nachteilig aus. Der emotionale Zustand, der immer mit Konzentration einhergeht, ist gekennzeichnet durch Gefühle der Freude, positiver Energie und Spaß. Wenn dieser Zustand etabliert worden ist, sind Ermahnungen zur Konzentration selten oder nie nötig. Dieser Zusammenhang wird in den kommenden Jahren von der Wissenschaft mit Sicherheit noch eingehender erforscht werden.
Die Verbindung zwischen Konzentration und neurologischer Erregung trägt zweifellos zur Beantwortung der Frage bei, wieso Entspannungstraining oft zu einer wesentlichen Verbesserung der Konzentrationsfähigkeit während des Wettkampfs führt. Wettkampfdruck bewirkt einen erhöhten Erregungszustand des Gehirns, während Entspannungstraining von Nutzen ist, um diesen Prozeß umzukehren.

Erkennen Sie, welche Art von Konzentration Ihre Sportart erfordert

In jeder Sportart ist eine etwas andere Art von Konzentration erforderlich – eine umfassende, punktuelle, tiefe oder flüchtige, interne oder externe. Beim Tennis aufzuschlagen oder beim Baseball Schlagmann zu sein, erfordert einen sehr punktuellen, nach außen gerichteten Fokus, während der Fokus eines Quarterbacks im amerikanischen Football oder eines Golfspielers bei der Wahl des geeigneten Schlägers umfassend und nach außen gerichtet sein muß. Langstreckenschwimmen und -laufen setzt dagegen einen mehr nach innen gerichteten Fokus voraus. Lernen Sie, möglichst schnell zu erkennen, ob Sie sich auf die richtige Weise konzentrieren oder nicht. Wie fühlen Sie sich, wenn Ihre Konzentration perfekt ist? Worauf sind Ihre Augen gerichtet? Wie ist Ihr emotionaler Zustand? Versuchen Sie jedesmal, wenn Sie Ihren Sport ausüben, diese Gefühle und diese Art von Fokus möglichst genau wieder hervorzurufen. Bei dieser Art von Training geht es vor allem darum, Ihre Kontrolle über bestimmte Gehirnwellenmuster zu verbessern.

Nützen Sie Wettkampfpausen voll dazu aus, sich mental zu erholen, und ergreifen Sie, wenn nötig, die Gelegenheit, sich neu zu konzentrieren und sich mental neu einzustellen.

Dreißig halbstündige Sitzungen sind das Minimum

Das Training wirkt zwar Wunder, aber es ist sehr zeitaufwendig. Sogar mit den neuesten EEG-Neurofeedbackgeräten sind mindestens zwanzig bis dreißig halbstündige Trainingseinheiten notwendig, um zu lernen, die neurologischen Muster des ILZ zu erkennen und bewußt auszulösen, Zugang zum Thetabereich zu finden und ihn zu nutzen sowie sich durch kombiniertes Entspannungs- und Visualisierungstraining zu programmieren und zu konditionieren. Dabei ist es weniger eine Frage, ob Sie den Lernprozeß beschleunigen können, sondern, ob das Erlernen dieser Fertigkeiten die damit verbundene Mühe, Energie und den Zeitaufwand rechtfertigt. Halten Sie, wenn es Ihnen die Sache wert ist, dreißig Sitzungen durch und Sie werden beachtliche Ergebnisse erzielen.

Zusammenfassung

Alle verfügbaren Erkenntnisse lassen darauf schließen, daß der ideale Leistungszustand im Grunde ein ganz bestimmter, ausgewogener neurologischer Erregungszustand ist.

Fertigkeiten, sich zu konzentrieren, Entspannungstraining und wirkungsvolles Visualisieren haben alle etwas mit der Kontrolle der Gehirnfrequenzen zu tun. Das Training der Gehirnwellen stellt gewissermaßen einen gemeinsamen Nenner für ILZ, Konzentration, Visualisierung und Entspannung dar.

Durch technologische Fortschritte werden sich in der Zukunft die mentalen Trainingsmethoden, die Athleten einsetzen, um ihre sportlichen Ziele zu erreichen, mit Sicherheit ändern. EEG-Neurofeedback ist in dieser Richtung bereits sehr vielversprechend. Das Gehirn ist zweifellos unser wichtigstes Organ. Seine vielen Geheimnisse zu lüften sollte sich positiv auf jegliches menschliches Handeln und Streben auswirken.

Die EEG-Forschung hat lediglich bestätigt, was Trainer, Athleten und Sportpsychologen seit vielen Jahren wußten. Hier sind einige Beispiele für diese Behauptung:

- Athleten konzentrieren sich am besten, wenn sie ruhig und entspannt sind.
- Visualisierung ist in tiefer Entspannung am wirkungsvollsten.
- Entspannung und Visualisierung sind erlernte Fertigkeiten, die durch Übung verbessert werden können.

Die meisten Athleten werden in naher Zukunft keinen Zugang zu EEG-Neurofeedbackgeräten haben. Das ist auch nicht unbedingt nötig. Sie können Ihrem Ziel, ein möglichst guter Wettkämpfer zu werden, ein gutes Stück näherkommen, indem Sie Fertigkeiten, die der Konzentration, Entspannung und Visualisierung dienen, direkt trainieren – mit oder ohne spezielle Biofeedback-Ausrüstung.

Praktische Übungen zum Mentaltraining

1. Werden Sie sich bewußt, wie Sie sich fühlen, wenn Sie sich konzentrieren und in Bestform spielen. Schreiben Sie auf, wie Sie sich mental, physisch und emotional fühlen. Notieren Sie Dinge und Umstände, die Ihre Konzentration beeinträchtigen, und solche, die dazu beitragen, sie aufrechtzuerhalten, z. B. Ihre Augen immer auf den Ball zu richten. Achten Sie besonders auf Gefühle von Ruhe und Entspanntheit in Augenblicken höchster Konzentration. Beschreiben Sie Gefühle von Intensität und innerer Erregung, die während der Konzentration auftreten.
In welcher Weise wirken sich Freude und Spaß auf Ihre Konzentration während des Wettkampfs aus? Welche Auswirkungen haben Angst und Wut?

2. Führen Sie regelmäßig ein Entspannungstraining durch. Geeignete Formen sind z. B. Atemkontrolle, Yoga, Meditation, progressive Muskelentspannung und beruhigende Musik.

3. Praktizieren Sie täglich Visualisierung – beim Sport und auch, wenn Sie keinen Sport treiben. Lernen Sie, mental zu sehen, zu hören, und zu fühlen. Schaffen Sie so viele innere Bilder und Vorstellungen von Erfolg wie möglich. Benützen Sie Visualisierung, um Ihre Strategien für künftige Wettkämpfe im Geist durchzugehen.

4. Kombinieren Sie tiefe Entspannung mit Visualisierung und Autosuggestion, um persönliche Schwächen zu überwinden. Benützen Sie Ihre eigene Stimme auf Tonband, um positive, für Ihre persönliche Weiterentwicklung wichtige Themen zu verstärken. Dazu eignen sich kurze positive Selbstaussagen, die sich in erster Linie auf Ihre Wettkampfschwächen beziehen sollten. Versuchen Sie, Zugang zu Ihrem Thetabereich zu finden. Vergessen Sie nicht, es sind dreißig halbstündige Trainingseinheiten nötig, bevor sich nennenswerte positive Veränderungen bemerkbar machen.

17.
Sich seinen Schwächen stellen

Es ist weit besser, sich an große Aufgaben zu wagen, ruhmreiche Triumphe zu erringen, auch wenn es manchmal bedeutet, Niederlagen einzustecken, als sich zu den Krämerseelen zu gesellen, die weder große Freude noch großen Schmerz empfinden, denn sie leben in dem grauen Zwielicht, das weder Sieg noch Niederlage kennt.

Theodore Roosevelt

Sich einer Schwäche zu stellen heißt, sich Streß auszusetzen. Manche Athleten sind so damit beschäftigt, ihre Unzulänglichkeiten vor ihren Gegnern zu verschleiern, daß sie sich am Ende selbst etwas vormachen. Wie Sie bereits aus Kapitel 7 wissen, erhalten Sie Schwächen nur aufrecht, wenn Sie sie schonen oder sie nicht wahrhaben wollen.

Zwei der wichtigsten Schritte, um Ihren Entwicklungsprozeß zu beschleunigen, sind folgende:

1. Zuzugeben, daß diese Schwäche tatsächlich existiert.
2. Einen strategischen Plan zu entwickeln, mit dem die betreffende Schwäche systematisch und sorgfältig dosiertem Trainingsstreß ausgesetzt wird.

Da sich dieses Buch ausführlich mit diesen beiden kritischen Fragen auseinandersetzt, haben Sie aus den vorangehenden Kapiteln eine Menge über Ihre Stärken und Schwächen gelernt. Dieses Kapitel vereinigt alle diesbezüglichen Informationen, so daß Sie ohne Schwierigkeiten einen konkreten Trainingsplan zu Ihrer Leistungsentwicklung ausarbeiten können. Wie Sie bemerken werden, ist richtige Zielsetzung eine der wirksamsten Methoden, um vorhandene Schwächen abzubauen.

Ehrliche Antworten auf unangenehme Fragen

Um die Leistungsentwicklung zu beschleunigen, ist es notwendig, eine Reihe unangenehmer Fragen ehrlich zu beantworten. Die einzelnen Kapitel dieses Buches sind darauf ausgerichtet, Ihnen bei der Beantwortung der nachfolgenden achtzehn Fragen zu helfen:

1. Was sind nach Ihren Ergebnissen in Ihrem Wettkampfprofil Ihre größten Stärken und Schwächen?
2. Wie gefestigt und gesund ist Ihr Real-Ich? Welche Bedürfnisse des Real-Ichs werden nicht erfüllt? Wie stark sind Ihre Bedürfnisse? Haben Sie Probleme mit Schroffheit, Unflexibilität oder chronischem Negativismus?
3. Welchem der folgenden Bedürfnisse des Real-Ichs sollten Sie besondere Aufmerksamkeit schenken:
   a) Ernährung
   b) Schlaf
   c) Ruhe
   d) Sicherheit
   e) Selbstwertgefühl
4. Wie ausgeprägt sind Ihre darstellerischen Fertigkeiten? Sind Sie ein schlechter Schauspieler? In welchem Ausmaß gelingt es Ihnen, während des Wettkampfs den Eindruck entschlossenen Denkens und Handelns zu vermitteln? Was ist Ihr idealer Leistungszustand? Was sind Ihre »Leistungsvorgaben«?
5. Zu welchem Ausmaß sind Ihre Probleme im Wettkampf das Ergebnis von übermäßigem Streß? Ist physisches, mentales oder emotionales Übertraining ein Teil des Problems? Wer oder was sind, falls übermäßiger Streß ein Problem darstellt, die hauptsächlichen Ursachen? Eltern, Trainer, selbstauferlegter Druck?
6. Zu welchem Ausmaß sind Ihre Probleme im Wettkampf das Ergebnis von zu wenig Streß? Waren und sind Sie überbehütet und deshalb untertrainiert? Wenn ja, in welchen speziellen Bereichen?
7. Wodurch werden Sie am ehesten auf Über- oder Untertraining aufmerksam? Auf welche Signale sollten Sie achten, um ein Ungleichgewicht zwischen Streß und Erholung zu erkennen? Durch welche physische, mentale und emotionale Symptome sollten Sie alarmiert werden?
8. Was sind Ihre wichtigsten Erholungsmechanismen? Müssen Sie in Ihrem Gesamttrainingsplan Ihre Regeneration stärker berücksichtigen? Wenn ja, welche Erholungsmechanismen müssen Sie intensivieren, um Ihre Regenerationsziele zu erreichen? Ausgewogenere Ernährung? Häufigere Mahlzeiten? Mehr Schlaf? Mehr Nachmittagsschlaf? Mehr und bessere aktive und passive Erholungsphasen? Mehr Humor?
9. Gibt es während des Wettkampfs Gelegenheiten zur Erholung, die Sie effektiver nutzen können? Die Vier-Stufen-Erholungssequenz zwischen den Punkten ist ein gutes Beispiel aus dem Tennissport.

10. Was verstehen Sie unter negativen Emotionen? Wie unterscheiden Sie bezüglich des Trainings zwischen Bedürfnissen und Wünschen?
11. Wie ausgeprägt ist Ihre Selbstbewußtheit? Wie steht es um Ihre Bewußtheit des Grades 1?
12. Wie sieht Ihr Periodisierungsplan für die nächsten zwölf Monate aus? Zu welchem Zeitpunkt wollen Sie in Bestform sein? Wann und wie beabsichtigen Sie im kommenden Jahr Wellen zu erzeugen, um Ihre Trainingsziele zu erreichen?
13. Welche Elemente militärischer Ausbildung können Sie nutzen, um Ihre Leistungsentwicklung zu beschleunigen? Mit welchen Trainingsstrategien können Sie erreichen, ein »tapferer Soldat« im Wettkampf zu werden?
14. Wie steht es um Ihre physische Stärke? Wie viel Streß können Ihre Bauchmuskeln, Herz und Lungen, und Ihre Muskulatur allgemein ertragen? Was können Sie tun, um Verletzungen künftig vorzubeugen? In welchem Ausmaß sind Sie physisch flexibel?
15. Wie steht es um Ihre mentale Stärke? Wie viel mentalen Streß können Sie ertragen? Wie weit sind Ihre Fertigkeiten in positivem Denken und Visualisieren entwickelt?
16. Welcher Art sind Ihre Konzentrationsprobleme während des Wettkampfs? Sind Sie im Wettkampf normalerweise über- oder untererregt? Was können Sie tun, um Ihre Konzentrationsfähigkeit zu verbessern?
17. Wie gut schaffen Sie es, sich auf dem Spielfeld und außerhalb des Spielfelds zu entspannen? Worin besteht für Sie die Verbindung zwischen Entspannung und Konzentration? Auf welche Weise können Sie Ihre Fertigkeiten, sich zu entspannen, verbessern?
18. Wie können Sie Ihre Fähigkeit zu visualisieren verbessern? Setzen Sie Visualisierung ein, um das Erlernen motorischer Fertigkeiten zu beschleunigen? Auf welche Weise kann Ihnen die Technik des Visualisierens dabei helfen, hartnäckige emotionale und mentale Gewohnheiten, die schmerzhaft für Sie sind, zu überwinden? Worin sehen Sie die Verbindung zwischen Entspannung und Visualisierung?

Setzen Sie Ihre Schwächen Streß aus

Die Vorstellung, daß unsere Mukulatur stärker und widerstandsfähiger wird, wenn sie langsam ansteigendem Streß ausgesetzt wird, ist für die meisten Sportler ziemlich einleuchtend. Sie akzeptieren außerdem relativ schnell, daß dieser Prozeß durch von außen verabreichten Streß beschleunigt wird. Womit sie allerdings Schwierigkeiten haben, ist zu verstehen, wie dieses Prinzip auf ihre mentalen und emotionalen Schwächen angewandt werden kann.

Und so funktioniert es: Erinnern Sie sich, daß Streß Abgabe von Energie bedeutet. Muskelstreß entsteht durch die Abgabe von Energie. Schwere Hanteln erfordern eine höhere Energieabgabe als leichte und produzieren deshalb mehr Streß. Das gilt natürlich auch für die Zahl der Wiederholungen: Je mehr es sind, desto größer ist der Streß. Folgendes ist dabei wichtig:

Auch Gedanken und Emotionen erfordern, genau wie Muskeln, die Abgabe von Energie. Jede Vorstellung, jede Emotion ist eine Form von Streß.

Intensive Gedanken, Vorstellungen und Emotionen sind wie schwere Hanteln. Sie erfordern mehr Energie und bedeuten deshalb mehr Streß. Immer wieder die gleichen Gedanken, Vorstellungen und Emotionen hervorzurufen ist dem wiederholten Hochstemmen einer Hantel nicht unähnlich. In beiden Fällen geht es um die wiederholte Abgabe von Energie. Bei Sportarten wie Gewichtheben, Laufen, Radfahren und Klettern besteht Leistungszuwachs in erster Linie in der Adaptation der Muskulatur, beim Denken, Vorstellungen und Emotionen in neurologischen Adaptationen.

Wie können Sie auf dieser Grundlage mentale und emotionale Schwächen in Stärken verwandeln? Wie gehen Sie gegen negatives Denken, geringes Selbstbewußtsein, Ungeduld oder mangelnde Selbstdisziplin vor?

Der erste und wichtigste Schritt bei der Umkehr mentaler und emotionaler Schwächen in Stärken besteht darin, damit zu beginnen, mentale und emotionale Energie zielgerichtet einzusetzen. Dies wird zu einer Form mentalen und emotionalen Trainings, wie Sie es von der Einübung motorischer Fertigkeiten gewohnt sind. Jedesmal, wenn ein Gedanke oder eine Vorstellung aktiviert wird, wird der Adaptationsprozeß stimuliert. Indem Sie einen bestimmten Gedanken, eine Vorstellung oder Emotion wiederholt auslösen, verstärken Sie sie. Ähnlich wie Muskeln, werden Gedanken, Vorstellungen und Emotionen desto leichter zugänglich, je häufiger sie stimuliert werden.

Der Adaptationsprozeß wird auch von der Intensität des Gedankens, der Vorstellung oder der Emotion beeinflußt. Je lebhafter und plastischer Gedanken und Vorstellungen sind – erfüllt von Emotionen, Geräuschen, Farben und Sinneswahrnehmungen jeder Art –, desto höher ist die Energieabgabe und die neurologische Stimulation. Das ist die Basis des Adaptationsprozesses.

Hunderte von Wiederholungen (Energieabgaben) sind nötig, damit eine komplexe motorische Fertigkeit dem Druck des Wettbewerbs standhält. Schlechte Angewohnheiten treten urplötzlich wieder auf, wenn neue motorische Fertigkeiten gelernt werden oder noch nicht ausreichend geübt worden sind. Genauso verhält es sich mit mentalen Fertigkeiten. Es erfordert viel Zeit und eine Menge zielgerichteter Energieabgabe, um schlechte Denkgewohnheiten in gute umzuwandeln und gute Gewohnheiten zu festen Überzeugungen zu machen. Wenn Vorstellungen, Gedanken und Emotionen nur schwach ausgeprägt sind, können sie intensivem Druck nicht standhalten.

Man muß sich darüber im klaren sein, daß motorische und mentale/emotionale Fertigkeiten auf ähnliche Weise erworben werden. Genau wie zielgerichtete Wiederholungen schwache motorische Reaktionen in starke verwandeln, werden durch zielgerichtete Wiederholung aus schwach ausgeprägten Gedanken feste Überzeugungen.

Praktische Beispiele

Schwäche: Negative Angewohnheit eines Tennisspielers, zu denken »Ich hasse Tiebreaks«.
Folge: Der Spieler kann seinen idealen Leistungszustand nicht erreichen und schafft es somit nicht, in Tiebreaks sein volles Leistungspotential auszuschöpfen.
Leistungsentwicklung: Der Spieler muß sich in anderer Form mentalem und emotionalem Streß aussetzen.
Vorgehensweise: Die nachstehenden Maßnahmen können einzeln oder in unterschiedlichen Kombinationen dazu benutzt werden, eine neue angemessenere Einstellung aufzubauen:

1. Bekräftigen Sie ständig den Gedanken »Ich liebe Tiebreaks«.
2. Wiederholen Sie während Tiebreaks ständig zu sich selbst »Ich liebe es«.
3. Visualisieren Sie wiederholt, wie Sie einen Tiebreak hervorragend spielen und Spaß dabei haben. Visualisieren Sie mit starken positiven Emotionen und erhöhen Sie die Wirkung der Bilder durch Geräusche, Farben und Sinneswahrnehmungen aller Art.
4. Fertigen Sie eine detaillierte schriftliche Begründung an, weshalb Sie jetzt so gerne Tiebreaks spielen.
5. Kombinieren Sie mentales Training mit tiefer Entspannung.

Schwäche: Mangelnde Disziplin auf dem Platz und außerhalb des Platzes.
Folge: Trägt zu negativem Selbstbild bei, steht regelmäßiger Teilnahme am Training im Wege, erschwert allgemein, eine Sache durchzuziehen.
Leistungsentwicklung: Mentaler und emotionaler Streß in anderer Form.
Vorgehensweise: Das folgende Muster könnte dazu benutzt werden, die Fähigkeit zu Selbstdisziplin zu verbessern:

1. Erstellen Sie zusammen mit Ihrem Trainer eine Liste der zehn wichtigsten Maßnahmen, die Sie ergreifen können, um disziplinierter zu werden (zielgerichteter Streß).
2. Konzentrieren Sie sich darauf, eine dieser Maßnahmen erfolgreich umzusetzen (angewandter Streß). Der Prozeß sollte nach zehn Wochen abgeschlossen sein.
3. Jede Woche steht unter einem eigenen positiven Motto:
   1. Woche: Ich werde immer rechtzeitig zum Training und zum Unterricht erscheinen.
   2. Woche: Ich werde jeden Tag, außer Sonntag, um acht Uhr aufstehen.
   3. Woche: Ich werde jeden Tag mein Zimmer und meinen Spind aufräumen und saubermachen.
   4. Woche: Ich werde täglich Aufzeichnungen machen, die regelmäßig von meinem Trainer durchgesehen werden.

5. Woche: Ich werde mich schriftlich verpflichten, den Plan für die kommende Woche einzuhalten, und Gründe dafür anführen, wieso das so wichtig ist.
6. Woche: Ich werde mir beim Trainer einen neuen Spitznamen – Mr. Disziplin – verdienen, der in Großbuchstaben an meiner Spindtür befestigt wird.

Die Schlüssel zum Erfolg – in den obenstehenden Beispielen wie in allen Formen des Trainings zu persönlicher Leistungsentwicklung – sind:

- Positive Adaptation und Weiterentwicklung erfordern Streß.
- Streß bedeutet höhere Abgabe an zielgerichteter Energie.

Zielsetzung – die Kunst, Energie zielorientiert einzusetzen

Jetzt ist die Zeit gekommen, Ihren eigenen, individuellen Trainingsplan zu entwickeln. Dieser strategische Plan wird Ihre Antworten auf die achtzehn Fragen vom Anfang dieses Kapitels widerspiegeln. Wahrscheinlich werden Sie auch diejenigen Kapitel, die auf Ihre speziellen Bedürfnisse Bezug nehmen, noch einmal lesen müssen.

Die Checkliste in Abbildung 10 auf der folgenden Seite ist eine Übersicht über Zielsetzungen und dient als Grundlage für die Entwicklung Ihres ganz persönlichen Trainingsplans. Nachstehend finden Sie einige wichtige Punkte, die Sie bei Ihren Zielsetzungen unbedingt beachten sollten:

- Ziele sind die Punkte, auf die Ihre Energieabgabe gerichtet ist. Wenn Sie sich Ziele setzen, bestimmen Sie, wie, wann und wo Sie sich Zyklen von Streß und Erholung aussetzen.
- Machen Sie es immer zu Ihrer höchsten Priorität, Ihre Trainingsziele darauf auszurichten, Schwächen zu überwinden.
- Fassen Sie Ihren Plan schriftlich ab und legen Sie ihn an eine Stelle, an der Sie ihn jeden Tag sehen.
- Setzen Sie sich Ziele, durch die Sie Streß ausgesetzt werden, der Sie zwar stark fordert, aber nicht zu Übertraining führt. Horchen Sie in sich hinein. Achten Sie auf Signale von Streß und Erholung.
- Richten Sie Ihren strategischen Plan auf Leistungsziele anstatt auf Ergebnisziele aus.

Leistungsziele sind Ziele, über die Sie vollkommene Kontrolle haben, z. B. 200 Curl-ups pro Tag zu machen oder täglich zehn Minuten Entspannungsfertigkeiten zu trainieren. Ergebnisziele sind solche, auf deren Erreichen Sie weniger Einfluß haben, z. B. ein Turnier zu gewinnen, einen ganz bestimmten Ranglistenplatz zu erreichen oder eine bestimmte Anzahl von Punkten zu schaffen. Ergebnisziele ziehen häufig Fehlschläge nach sich. Investieren Sie Ihre Energien in Ziele, die Sie kontrollieren können, und der Rest wird sich von selbst erledigen.

Abb. 10 Musterblatt zum Erstellen eines individuellen Plans, der Ihren Bedürfnissen entspricht

Checkliste							
	Mo	Di	Mi	Do	Fr	Sa	So
1. Aerobische Intervallübungen (Zeit)							
2. Nichtaerobische Intervallübungen (Zeit)							
3. Curl-ups (Anzahl)							
4. Krafttraining (Zeit)							
5. Stretching (ja/nein)							
6. Ernährung (Skala von A–F)							
7. Anzahl der Mahlzeiten (oft und leicht)							
8. Schlaf quantitativ (Stunden)							
9. Schlaf qualitativ (1–10)							
10. Wann ins Bett/wann aufgestanden							
11. Nachmittagsschlaf (ja/nein)							
12. Visualisierungstraining (Zeit)							
13. Gesamtvolumen an Streß (1–10)							
14. Erholung quantitativ (Zeit)							
15. Erholung qualitativ (1–10)							
16. Entschlossenes Denken (A–F)							
17. Entschlossenes Verhalten (A–F)							
18. Geduldig (A–F)							
19. Unabhängig (A–F)							
20. Ausgeglichenheit Streß/Erholung (1–10)							
21. Gefühl von Energie, Motivation, Spaß (1–10)							
22. Diszipliniert (A–F)							
23. Entspannungsmusik (Zeit)							
24. Tagesform (1–10)							
25. Habe heute Fortschritte gemacht (ja/nein)							

- Schmieden Sie hochfliegende Pläne auf lange Sicht, aber denken Sie realistisch auf kurze Sicht.
- Alles beginnt mit einem Traum für die Zukunft und wird durch das verwirklicht, was Sie heute tun.

Die Bedeutung von Ritualen

Dieses Buch und Ihr Trainingsplan sollen Ihnen helfen, die Rituale des Erfolgs zu erwerben. Durch wiederholte Übung werden die richtigen physischen, mentalen und emotionalen Gewohnheiten schließlich automatisiert. Bewußte Bewußtheit und zielgerichtete Energieabgabe weichen nach und nach automatisierten Ritualen beim Essen, Schlafen, Ruhen, Stretching, bei der Gymnastik, beim Denken, Schauspielern, Erholen und Wellenerzeugen, die für Ausgewogenheit sorgen.
Schließlich entstehen Rituale des Erfolgs, die Sie auf den Wettkampf vorbereiten, Ihre Bestform während des Wettkampfs aufrechterhalten, und Ihnen helfen, Ihre Zeit nach dem Wettkampf sinnvoll zu nutzen. Jeder Tag Ihres Trainingsprogramms bringt Sie einen Schritt weiter auf Ihrem Weg, Ihre eigenen Rituale des Erfolgs zu entwickeln.

Zusammenfassung

Die wichtigsten Fragen sind gestellt worden, und Ihre Antworten sollten langsam Gestalt annehmen. Nachdem dieser Prozeß abgeschlossen ist, ist es an der Zeit, einen detaillierten Plan zu entwickeln, wie Sie Ihre Schwächen Trainingsstreß aussetzen können. Dieser Plan sollte umfassend und gleichzeitig einfach und durchführbar sein. Es empfiehlt sich für alle Athleten, an ihren schwächsten Punkten anzusetzen und von da aus weiterzuarbeiten.
Mentale und emotionale Schwächen reagieren in der gleichen Weise auf Streß wie physische. Durch Zielsetzungen erreichen Sie, daß Energie zielgerichtet abgegeben wird. In diesem Kapitel sind eine Reihe von Richtlinien enthalten, die bei Zielsetzungen von Nutzen sind. Das Kernstück des Trainingsprogramms besteht darin, eine persönliche Checkliste zu erstellen und sie täglich zu befolgen.

Praktische Übungen zum Mentaltraining

1. Beantworten Sie, so gut Sie können, die achtzehn Fragen vom Anfang des Kapitels.

2. Entwickeln Sie Ihre persönliche Checkliste. Achten Sie darauf, daß der Plan Ihre individuellen Schwächen besonders berücksichtigt.

3. Richten Sie sich jeden Tag nach dem Plan und nehmen Sie Änderungen vor, nachdem Sie sich besser kennengelernt haben und Ihre Bedürfnisse besser einschätzen können.

18.
Die endlose Reise

Das Wesen der Entdeckungsreise besteht nicht darin, neue Länder zu suchen, sondern mit neuen Augen zu sehen.

Marcel Proust

Eine gesamte Karriere in einem einzigen Gedanken zusammengefaßt – fast zwanzig Jahre der Suche. Eine sehr lange Zeit, aber wichtig. Ich nenne sie den Entwicklungsprozeß zu physischer, mentaler und emotionaler Stärke – wie Menschen in diesen drei Bereichen wachsen, stärker und belastbarer werden. Im Mittelpunkt steht persönlicher Mut, die Fähigkeit, den unmöglichsten Herausforderungen furchtlos und leidenschaftlich gegenüberzutreten.

Meine Suche nach Antworten führte mich in die Welt des Leistungssports, wo ein Großteil des Kampfgeschehens besser beobachtet und gemessen werden kann als in anderen Bereichen des Lebens. Was habe ich dabei gelernt? Meine wichtigsten Erfahrungen beginnen und enden mit dem Wort »nirgends«:

Nirgends ist die Verbindung zwischen Geist und Körper deutlicher sichtbar als im Leistungssport. Geist, Körper, Gedanken, Gefühle und Emotionen sind alle Teil derselben Lebenssubstanz. Es gibt keine und es kann auch keine Trennung geben.

Nirgends wird es klarer als im Leistungssport, daß alle Bereiche miteinander verbunden sind. Was Sie denken, wie Sie sich verhalten, was Sie essen, wieviel Sie schlafen, Ihr Kampfgeist, Ihre Fitneß und Ihre Liebe zum Leben sind alle eng miteinander verknüpft.

Nirgends ist die Notwendigkeit, ein Gleichgewicht von Streß und Erholung zu schaffen, offensichtlicher als im Leistungssport. Die Folgen von Über- und Untertraining machen sich auf schmerzhafte Weise bemerkbar.

Nirgends wird es deutlicher als im Leistungssport, daß Durchsetzungsvermögen auf lange Sicht die Oberhand über Talent behält. In allen Bereichen des Lebens werden Siege weit häufiger durch Kampfgeist und Kampfeswillen errungen als durch Begabung.

Nirgends ist es augenscheinlicher als im Leistungssport, daß Durchsetzungsvermögen und die Fähigkeit zu kämpfen vor allem durch die Konfrontation mit widrigen Umständen und Krisen entwickelt werden. Es sind nicht die guten, sorgenfreien und lustigen Zeiten, die Stärke und Widerstandsfähigkeit im Sport oder in anderen Bereichen des Lebens formen.

Nirgends wird es deutlicher als im Leistungssport, daß jede Krise eine Gelegenheit bietet, an ihr zu wachsen. Im Leben wie im Sport ist Streß der Stimulus für Wachstum, Erholung die Zeit, in der es stattfindet. Kein Streß, kein Wachstum. Keine Erholung, kein Wachstum.

Nirgends ist es offensichtlicher als im Leistungssport, daß Sie mit dem Herzen dabeisein müssen. Lieben Sie die Schinderei, die Suche, die Anstrengung, die Siege, die Niederlagen, den Kampf an sich. Sie müssen es um so mehr lieben, je verrückter es wird. Um als Wettkämpfer so gut zu werden, wie Sie nur können, müssen Sie den Kampf mehr lieben als den Sieg. Um im Leben alles herauszuholen, was in Ihnen steckt, müssen Sie die Reise lieben – vom Anfang bis zum Ende.

Nirgends wird es klarer als im Leistungssport, daß Sie sich permanent der Herausforderung stellen müssen. Sie müssen stets bereit sein, zu kämpfen. Sie dürfen sich in Krisen nicht gegen sich selbst wenden. Sie dürfen keine Schwäche zeigen. Dann – und nur dann – werden Ihre Träume vom großen Sieg konkrete Formen annehmen.

Nirgends wird es deutlicher als im Leistungssport, daß der Weg zu innerer Stärke eine Reise ohne Ende ist. Der Weg ist nie zu Ende, das Ziel wird nie endgültig erreicht. Sie können nur stärker oder schwächer werden, dem Ziel näherkommen oder sich von ihm entfernen. Sie wachsen oder Sie treten auf der Stelle. Das Ziel ist, weiterzuwachsen, vorwärtszudrängen, seine Grenzen zu sprengen, und Schwächen durch Stärken zu ersetzen.

Nirgends ist es offensichtlicher als im Leistungssport, daß es nicht vorbei ist, bevor es vorbei ist, und daß Sie niemals, niemals aufgeben dürfen.

Solange ein Funke von Leben glüht, gibt es Hoffnung – Hoffnung, zurückzuschlagen, wiederzuerstarken, über sich hinauszuwachsen, siegreich aus der schwersten und wichtigsten aller Schlachten hervorzugehen – der Suche nach sich selbst.

Anhang: Periodische Streß- und Erholungsanalysen

Bei dem folgenden System zur Überprüfung des Verhältnisses zwischen Streß und Erholung werden, ähnlich wie bei der Benützung Ihres Scheckbuches, Zahlen verwendet. Anstatt um Geld geht es hier jedoch um Streß- bzw. Erholungseinheiten.

Natürlich sind die Zahlen nur Schätzungen, doch die Erfahrung hat gezeigt, daß diese Methode sehr viel dazu beitragen kann, die Notwendigkeit einzusehen, sowohl Streß als auch Erholung sorgfältig zu dosieren und ein Gleichgewicht herzustellen. Die Überprüfung sollte etwa alle vier bis sechs Wochen vorgenommen werden, damit Sie einen Eindruck bekommen, wo Sie stehen. Es ist besonders hilfreich, die Analyse in Phasen durchzuführen, die besonders stark von Streß geprägt sind.

Am besten wäre natürlich, Sie würden Erholungs- und Streßeinheiten täglich miteinander vergleichen. Realistisch betrachtet wird das kaum möglich sein. Achten Sie in diesem Fall, und wenn die Streßeinheiten die der Erholung wesentlich übersteigen, streng darauf, so bald wie möglich einen Ausgleich zu schaffen. Ein Wert von 19 für Streß und ein Wert von 17 für Erholung bedeutet ein ideales Verhältnis. Abweichungen von mehr als drei Einheiten pro Tag und mehr als zehn pro Woche erfordern sofortige Gegenmaßnahmen. Es ist klar, daß dauerndes Übertraining Probleme nach sich zieht. Die Übersichtstabelle ermöglicht Ihnen, Gesamtsummen Ihrer Tages- und Wochenwerte zu erstellen und zu Vergleichszwecken für später aufzubewahren.

Denken Sie daran, daß es um so wichtiger ist, die Zahl der Erholungseinheiten zu erhöhen, je näher ein Wettkampf rückt. Gehen Sie, wann immer es möglich ist, völlig erholt in einen Wettkampf.

Streßanalyse

1. Trainingsumfang heute ________ Stunden
2. Trainingsintensität ________
   (Wie hart Sie trainiert haben) 3,2,1,0
3. Wettkampfzeit heute ________ Stunden
4. Intensität emotionaler Streß ________
   auf den Wettkampf bezogen 3,2,1,0
   (Ausmaß an Ärger oder Nervosität vor, während und nach dem heutigen Wettkampf)

STRESS: Hoch = 3, Mittel = 2, Wenig = 1, Kein = 0

5. Reisestreß ________ Stunden
   (Fahrzeit heute)
6. Umfang körperlichen Trainings ________ Stunden
   (Zeit, die Sie heute mit Laufen, Krafttraining, Stretching etc. verbracht haben)
7. Intensität des körperlichen Trainings ________
   (Wie hart Sie trainiert haben) 3,2,1,0
8. Intensität privater Streß ________
   (Ohne Beziehung zum Sport) 3,2,1,0
9. Intensität Sportstreß gesamt ________
   3,2,1,0

________ Summe Stunden (körperlich)

________ Summe Intensität (emotional)

________ + ________ = ________

Gesamtstunden + Gesamtintensität = Summe täglicher Streßeinheiten
(physischer Streß) (emotionaler Streß)

Erholungsanalyse

1. Schlaf (Quantität)		______
Mehr als 7 Stunden	= + 4	
5–7 Stunden	= + 2	
Weniger als 5 Stunden	= + 0,5	
2. Schlaf (Regelmäßigkeit)		______
Abweichung von maximal 30 Min. von normaler Einschlaf-/Aufstehzeit	= + 2	
3. Nachmittagsschlaf		______
30 Min. bis 1 Stunde	= + 2	
Weniger als 30 Min.	= + 1	
4. Erholung (aktiv)		______
Gehen, Golf, Radfahren, etc.		
Mehr als 1 Stunde	= + 2	
30 Min. bis 1 Stunde	= + 1	
Weniger als 30 Min.	= + 0,5	
5. Erholung (passiv)		______
Lesen, Kino, TV, Musik		
Mehr als 1Stunde	= + 2	
30 Min. bis 1 Stunde	= + 1	
Weniger als 30 Min.	= + 0,5	
6. Entspannungsübungen		______
Meditation, Atmungskontrolle, Yoga, Massage		
Mehr als 1 Stunde	= + 2	
30 Min. bis 1 Stunde	= + 1	
Weniger als 30 Min.	= + 0,5	
7. Ernährung (Anzahl der Mahlzeiten)		______
4 oder mehr leichte Mahlzeiten	= + 3	
2 bis 3 Mahlzeiten	= + 1	
8. Ernährung (gesund)		______
Die Mahlzeiten sind leicht, aus frischen Zutaten zubereitet, mit geringem Fettgehalt, reich an Kohlenhydraten		
Ja	= + 3	
Überwiegend	= + 1	

Fortsetzung siehe nächste Seite

9. Spaß heute ______
Gefühl, der heutige Tag hat
Spaß gemacht = + 2

10. Persönliche Freizeit ______
1 Stunde oder mehr = + 2
30 Min. bis 1 Stunde = + 1

Erholungseinheiten gesamt ______
(Maximum = 24 Punkte)

Auswertung

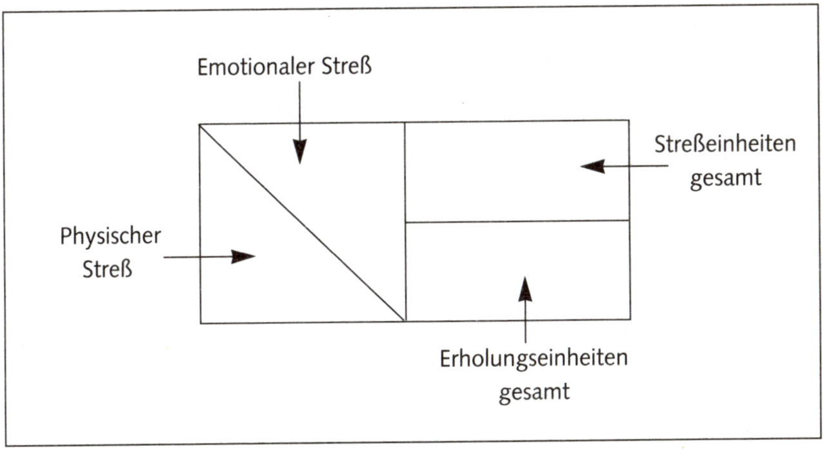

Wöchentliche Streß-/Erholungswerte (12 Wochen)

Woche	Mo	Di	Mi	Do	Fr	Sa	So	Gesamt

Erläuterungen zur Streßanalyse

1. **Trainingsumfang:** Notieren Sie, wie viele Stunden Sie heute insgesamt für Ihren Sport trainiert haben (Fitneßtraining nicht eingeschlossen).
2. **Trainingsintensität:** Beurteilen Sie auf einer Skala von 0 bis 3, wie hart Sie heute trainiert haben. 0 bedeutet geringe, und 3 hohe Intensität.
3. **Wettkampfzeit:** Notieren Sie auf einer Skala von 0 bis 3, wie viele Stunden Sie heute im Wettkampf standen.
4. **Intensität emotionaler Streß auf den Wettkampf bezogen:** Beurteilen Sie auf einer Skala von 0 bis 3, wieviel Streß in Form von negativen Emotionen Sie heute vor, während und nach dem Wettkampf empfunden haben.
5. **Reisestreß:** Notieren Sie Ihre Fahrzeiten. Sie bedeuten ebenso Streß wie körperliches Training.
6. **Umfang körperliches Training:** Notieren Sie, wie viele Stunden Sie heute körperlich trainiert haben.
7. **Intensität körperliches Training:** Beurteilen Sie auf einer Skala von 0 bis 3, wie hart Sie heute trainiert haben.
8. **Intensität privater Streß:** Beurteilen Sie auf einer Skala von 0 bis 3 die Intensität von Streß, der mit der Familie zusammenhängt.
9. **Intensität Sportstreß gesamt:** Beurteilen Sie auf einer Skala von 0 bis 3 den emotionalen Gesamtstreß, der mit Sport zu tun hat.

Erläuterungen zur Erholungsanalyse

Zur Einschätzung des Gesamtumfangs und der Qualität der Erholungszeit pro Tag werden zehn Kategorien herangezogen. Da sie keiner Erklärung bedürfen, werden sie hier nicht weiter erläutert. Die höchste Punktzahl, die Sie pro Tag erreichen können, liegt bei 24.
Übertragen Sie die Gesamtwerte in die Übersichtstabelle auf Seite 159. Die Tabelle bietet Raum für 12 Wochen.

Dank

Mein Dank gilt Warren und Kitty Jamison für ihre kompetente Hilfe bei der Erstellung dieses Manuskripts. Renate Gaisser für ihre Unterstützung und ihre technischen Fertigkeiten. Meinen Partnern, Jack Groppel und Pat Etcheberry, für ihre Freundschaft, ihr Vertrauen und ihre Unterstützung. Tony Schwartz für seine Freundschaft, seinen Mut bei der Suche nach persönlicher Wahrheit und seine Einsichten hinsichtlich der Zusammenhänge zwischen Real- und Wettkampf-Ich. Tom Dempsey für seine visionäre Kraft. Bob und Vickie Zoellner danke ich dafür, daß sie an den Traum geglaubt haben, und Gordon Uehling, daß er den entscheidenden Funken ausgelöst hat.

Ich danke den vielen Athleten, die im Laufe der Jahre in mein Leben getreten sind und dieses Buch erst ermöglicht haben, und deren Namen aus Gründen der Vertraulichkeit hier nicht genannt werden. Ich möchte jedoch noch einige andere Personen erwähnen, die mir nahestehen: Mike, Pat und Jeff Loehr, Tim und Tom Gullikson, Paul Roetert, Ron Woods, Stan Smith, Irv Dardik, Karen Elsea, Tracey Sco laro, Scott McTeer, Dave Herman, Jan Groppel, Dave Murray, Jackie Point, Dennis Van der Meer, Nick Hall und Elizabeth Backman.

Über den Autor

Dr. James E. Loehr ist ein weltweit anerkannter Sportwissenschaftler. Als Leistungstrainer hat er mit Hunderten von Spitzenathleten, von denen viele Weltmeistertitel in ihrer Sportart errungen haben, gearbeitet. Er ist Präsident und Gründungsmitglied der LGE/Sport Science, einer Trainingsorganisation, deren Ziel es ist, Sportlern und Führungspersonal zu helfen, unter Druck ihre volle Leistung zu erbringen.

Die Firma, mit Hauptsitz in Florida, bietet eine breite Palette von Produkten und Dienstleistungen an. Dr. Loehr führt außerdem weltweit Workshops durch und tritt als Sprecher bei Veranstaltungen auf.

Weitere Informationen hinsichtlich Dienstleistungen und Produkte erhalten Sie telefonisch unter der Nummer (001) 813 – 973 8022.

Literaturempfehlungen

BRENNAN, RICHARD: Alexander-Technik. Die Wiederentdeckung der natürlichen Körperhaltung. Ganzheitlich gesund. Aurum Verlag, Freiburg 1993

CLARK, NANCY: Fit for Sports. Der Ernährungs-Ratgeber für sportlich Aktive. BLV Verlag, München 1993

CSIKSZENTMIHALYI, MIHALY: Flow – Das Geheimnis des Glücks. Klett-Cotta Verlag, Stuttgart 1993 (3. Auflage)

FLECK, STEVEN/WILLIAM KRAEMER: Designing Resistance Training Programs. Human Kinetics, Champaign/USA 1987

GROPPEL, JACK/LES KNIGHT: Sports Nutrition: The »Get Tough« Book. Knight, Lakeland/USA 1993

GROPPEL, JACK/JAMES E. LOEHR/SCOTT MELVILLE/ANN QUINN: Science of Coaching Tennis. Leisure Press, Champaign/USA 1989

HUTCHISON, MICHAEL: Megabrain. Geist und Maschine. Sphinx Verlag, Basel 1994 (3. Auflage)

KELEMAN, STANLEY: Verkörperte Gefühle. Der anatomische Ursprung unserer Erfahrungen und Einstellungen. Kösel Verlag, München 1992

LOEHR, JAMES E.: Toughness Training for Life. Plume, New York/USA 1994

LOEHR, JAMES E.: Tennis im Kopf. Der mentale Weg zum Erfolg. BLV Verlag, München 1994 (2. Auflage)

LOEHR, JAMES E.: Persönliche Bestform durch Mentaltraining für Sport, Beruf und Ausbildung. BLV Verlag, München 1991 (2. Auflage)

MOYERS, BILL: Die Kunst des Heilens. Vom Einfluß der Psyche auf die Gesundheit. Artemis Verlag 1994

MURPHY, MICHAEL: Der Quantenmensch. Ein Blick in die Entfaltung des menschlichen Potentials im 21. Jahrhundert. Integral-Volkar-Magnum Verlag, Wessobrunn 1994 (2. Auflage)

PELLETIER, KENNETH: Mind as Healer, Mind as Slayer. Dell, New York/USA 1992

ROSSI, EARNEST L./DAVID NIMMONS: Die zwanzig Minuten Pause. Wie Sie seelischen und körperlichen Zusammenbruch verhindern können. Junfermannsche Verlagsbuchhandlung, Paderborn 1993

WALTON, GARY: Beyond Winning. Leisure Press, Champaign/USA 1992

Register

Abhängigkeit 48
Abhärtungsprozeß 119
Abraham Maslow 97
Adaptation 109
Adrenalinspiegel 24
Aggressivität 24
Aktive Ruhephase 111
Alphawellen 139
Angst 49, 115
Angstbewältigung 120
Appetitlosigkeit 79
Atemkontrolle 145
Atmungskontrolle 141
Aufmerksamkeit 24
Ausbildungsstreß 119
Ausdauer 30, 124
Ausgebranntheit 50
Ausgeglichenheit 40
Autosuggestion 142, 145

Bauchmuskeln 123
Bedürfnisbefriedigung 26, 93
Bedürfnisse 66, 67, 93, 97
Bedürfnisse, echte 93
Bedürfnisse, emotionale 30, 59
Bedürfnisse, Hierarchie der 99
Belastbarkeit 124
Betawellen 139
Bewußtheit 101, 105
Bewußtheit, bewußte 105
Bewußtheit, unbewußte 105
Bewußtheit, unterbewußte 105
Bewußtheitsebene 105
Bewußtheitsgrade 104
Biochemische Prozesse 21
Blutzucker 127
Blutzucker, niedriger 127
Blutzuckerspiegel 24

Checkliste 152
Competitive Adjective Profile CAP 42
Connors, Jimmy 19

Dan-Jansen-Story 14
Dardik, Dr. Irv 65
Darstellerische Fertigkeiten 61
Deltawellen 139
Denken, diszipliniertes 71
Denken, entschlossenes 37, 130
Denken, negatives 49
Denken, positives 131
Denken, undiszipliniertes 131
Denkmuster 44, 131
Depressionen 49, 79, 106
Disziplin 61, 115, 133
Druck 11, 58
Durchhaltevermögen 21, 63
Durchsetzungsfähigkeit 116
Durchsetzungsvermögen 19

EEG 138
EEG-Forschung 141
EEG-Neurofeedback 140
EEG-Neurofeedbackforschung 141
EEG-Neurofeedbackgeräte 144
EEG-Neurofeedbacktechnologien 140
Einstellung, positive 11
Emotionale Bedürfnisse 30
Emotionale Flexibilität 19

Emotionale Reaktionen 36
Emotionale Spannkraft 19
Emotionale Stärke 19
Emotionales Engagement 19
Emotionen 21, 94, 95
Emotionen, Gespielte (vorgetäuschte) 34
Energie 23,
Energieabgabe 149
Energieausgleich 66
Energiefluß 23, 132
Energiekonto 67
Engagement 55
Engagement, emotionales 19
Entschlossenheit 21, 23
Entspanntheit 23
Entspannungsreaktion 86
Entspannungstraining 144
Entspannungsübungen 141
Entwicklungsprozeß 60, 154
Erholung 65, 67, 68, 69, 73, 84,109, 126
Erholung, aktive 90, 113
Erholung, emotionale 68, 72
Erholung, lineare 77
Erholung, mentale 66, 68
Erholung, passive 90
Erholung, physische 66, 68
Erholungsanalyse 158, 160
Erholungsbedürfnisse 99
Erholungseffekt 70
Erholungsgewohnheiten 127
Erholungsmechanismen 87
Erholungspausen 69
Erholungstraining 90
Erholungszyklen 110
Ernährung 88
Ernährungsregeln 118
Ernährungstips 89
Erregungszustand, neurologischer 144
Erregungszustände 21
Erschöpfung 21, 24, 98
Erziehungspraktiken 59
Evert, Chris 11, 19, 35
Explosivkraft 112

Fehlschläge 134
Fertigkeiten, darstellerische 61
Fitneß 11
Fitneß, körperliche 122
Fitneßprogramm 118
Flexibilität 30, 58
Flexibilität, emotionale 19
Flüssigkeitsverlust 26
Fokus 23, 24, 132, 133
Formtief 71
Frustration 28
Furcht 53

Gehirnaktivitäten 143
Gehirnwäsche 134
Gehirnwellen 24, 138
Gehirnwellentraining 140
Geistige Bilder 130
Gelassenheit 11, 24
Genetisches Potential 18
Gesamtperiodisierungsplan 124
Gewichtheben 70
Gleichgewicht 95
Glykogen 24
Gretzky, Wayne 126
Grundbedürfnisse 30
Gute Schauspieler 33

Hardware 22, 23
Häufigkeit 109
Herausforderung 23, 51, 56, 155
Herz 123
Hilflosigkeit 24
Hirnwellentätigkeit 141
Höchstleistung 113
Höchstleistungsphase 111

Humor 132
Hypnose 142

Idealer Leistungszustand 20, 24, 82, 124, 129, 144
ILZ 20
Insulin 127
Intensität 109
Irritierbarkeit 48

Jansen, Dan 13, 14
Jordan, Michael 19, 126

Kämpferische Einstellung 23
Kampfgeist 11
Katharsis 91
Kite, Tom 17, 19
Kohlenhydrate 127
Konditionierungsprozeß 135
Konflikte 106
Konzentration 11, 70, 133, 143
Konzentrationsfähigkeit 143
Körperliche Bedürfnisse 26
Körpersprache 36
Kraft 124
Krafttraining 112, 118
Krafttrainingsphase 111

Langeweile 49
Launenhaftigkeit 79
Leberglykogen 127
Leistungsdruck 45
Leistungsentwicklung 15
Leistungsgrenze 20
Leistungspotential 24
Leistungsprobleme 63
Leistungsstärke 86, 116
Lunge 123

Marathonlauf 70
Maslow, Abraham 99
Matadorgang 117
McEnroe, John 53
Meditation 141, 145
Meditieren 90
Mentale Stärke 19, 20
Mentaltraining 71
Militär 117
Montana, Joe 19
Motivation 23, 44
Motivation, geringe 44, 48, 49
Müdigkeit 49, 79
Musik 145
Muskelentspannung, progressive 141, 145
Muskelflexibilität 125
Muskelstreß 148
Muskulatur 124

Negative Gefühle 52
Nervosität 28, 49, 53, 79
Neurologische Erregung 24
Neurologischer Erregungszustand 144
Neuropeptide 25
Neurotransmitter 25
Nickerchen 88
Noradrenalinspiegel 24

Peniston, Dr. Eugene 140
Periodisierung 108, 109
Periodisierungsplan 110
Periodisierungsprogramm 114
Positive Einstellung 11
Potential, genetisches 18
Progressive Muskelentspannung 141, 145

Reaktionsfähigkeit 58
Real-Ich 25, 27, 39, 41, 44, 58, 61, 102
Risikobereitschaft 55
Rituale 86,153

Rollen-Ich 39
Ruhepausen 89
Ruhezyklen 110

Schauspielkunst 33
Schlaf 88
Schlafschwierigkeiten 79
Schmerz überwinden 55
Schnelligkeit 111, 112
Schnellkraft 112
Schnellkraftphase 111
Schutzschilde, emotionale 59
Schwächen 45, 46, 146, 147
Selbstachtung 106
Selbstachtung, geringe 50
Selbstakzeptanz 104
Selbstbewußtsein 55
Selbstgespräche 135
Selbsttäuschung 102
Selbstvertrauen 11, 21, 23, 24
Selbstvertrauen, geringes 50
Selbstwertgefühl 101
Software 22, 23
Spannkraft 30
Spannkraft, emotionale 19
Spaß 23
Spezifität 109
Spielfreude 33
Stärke, emotionale 19
Stärken 147
Stimmungsschwankungen 48
Streß 65, 67, 69, 73, 79, 80, 82
Streß, angewandter 150
Streß, emotionaler 58, 65, 67
Streß, leistungsfördernder 80
Streß, linearer 77
Streß, mentaler 65, 67
Streß, physischer 65, 67
Streß, zielgerichteter 150
Streßanalyse 157, 160
Streßeinheiten 84
Streßkontinuum 76, 82
Streßperioden 69
Streßphasen 69
Streßreaktionen 44
Streßzyklen 81, 85, 110
Stretching 90, 125

Tai Chi 90
Talent 18
Technik 18
Thetabereich 142
Thetawellen 139, 143
Toughness Training 42
Training von außen nach innen 122
Training von innen nach außen 122
Training, aerobisches 118
Training, intensives 45
Training, leistungserhaltendes 79, 80, 82
Training, leistungsförderndes 82
Training, leistungssteigerndes 79
Training, nicht-aerobisches 118
Trainingsetappen 111
Trainingskampfpause 48
Trainingsmethoden, militärische 116
Trainingsplan, langfristiger 108
Trainingsprogramm 15, 16
Trainingsstreß 79, 146
Trainingszyklus 47, 111

Überbehütung 69
Überbelastung 58
Übertraining 75, 76, 77, 78, 79, 80, 108
Unsicherheit 21
Untertraining 75, 76, 77, 78, 79, 80, 82, 108

Variation 109
Verantwortung 48, 131
Verhalten, entschlossenes 38

Verhaltensweisen, physische 36
Verkrampfung 54, 59, 98
Verletzungen 125
Verletzungsrisiko 108
Verstimmungen 49
Visualisieren 61, 71, 132
Visualisierung 37, 133, 142, 145
Visualisierungstraining 141, 142, 144
Vorbereitungsphase 111
Vorstellungskraft 36
Vorstellungsvermögen 61
Vorstellungsvermögen, positives 131

Wellenenergie 65
Wellenerzeugung 108
Wellentheorie 68
Wettkampf-Ich 24, 25, 27, 39, 61, 102
Wettkampfdruck 11
Wettkampffähigkeiten 29, 33, 35
Wettkampfpause 48
Wettkampfprofil 42, 43, 47
Wettkampfstärke 11
Wettkampfstreß 51
Wettkampfverhalten 61
Widerstandskraft 59
Wünsche 97
Wut 52

Yoga 90, 141, 145

Ziele 48
Zielsetzung 151

Erfolg durch mentale Stärke

James E. Loehr
Tennis im Kopf
Der mentale Weg zum Erfolg
Psychologische Anleitung, um Einsatzbereitschaft und Selbstvertrauen zu stärken, Nervosität zu beherrschen, Belastbarkeit bei Streß zu erhöhen sowie neue Trainings- und Wettkampfstrategien zu entwickeln.

Nick Bollettieri/Dr. Charles A. Maher
Matchball
Das mentale Erfolgsprogramm von Nick Bollettieri
Mit dem weltbesten Tenniscoach trainieren: der Weg zum Top-Tennis – pädagogisch und psychologisch perfekt aufgebaut, praxisorientiert und leicht nachvollziehbar für Spieler aller Leistungsklassen, Trainer und Lehrer.

Kay Porter/Judy Foster
Mentales Training
Der moderne Weg zur sportlichen Leistung
Mentales Trainingsprogramm für Höchstleistungen, das negative Denkweisen ersetzt durch positive Einstellung, Selbstvertrauen, klare Zielsetzung und Erfolg.

BLV Sportwissen
Hans-Dieter Hermann/Hans Eberspächer
Psychologisches Aufbautraining nach Sportverletzungen
Umfassendes Wissen über psychische Probleme, Therapie in der Verletzungszeit und für den optimalen Wiedereinstieg ins Wettkampfgeschehen, praktische Vorschläge für den Umgang mit verletzten Sportlern.

BLV Sportwissen
Peter Konopka
Sporternährung
Leistungsförderung durch vollwertige und bedarfsangepaßte Ernährung
Die wissenschaftlichen Grundlagen und die große Bedeutung der Ernährung für Leistung und Gesundheit – anhand von Beispielen leicht verständlich dargestellt.

BLV Sportwissen
Martin Engelhardt/Georg Neumann
Sportmedizin
Grundlagen für alle Sportarten
Für Sportmediziner, Trainer und alle interessierten Sportler: Reaktion und Anpassung des Organismus auf sportliche Belastungen; Prävention und Sporttherapie bei den verschiedenen Erkrankungen.

Im BLV Verlag finden Sie Bücher zu folgenden Themen: Garten und Zimmerpflanzen • Natur • Heimtiere • Jagd • Angeln • Pferde und Reiten • Sport und Fitneß • Tauchen • Reise • Wandern, Bergsteigen, Alpinismus • Essen und Trinken • Gesundheit, Wohlbefinden, Medizin

BLV

Wenn Sie ausführliche Informationen wünschen, schreiben Sie bitte an:
BLV Verlagsgesellschaft mbH • Postfach 40 03 20 • 80703 München
Telefon 089/12705-0 • Telefax 089/12705-543